U0736719

从STEM到STEAM

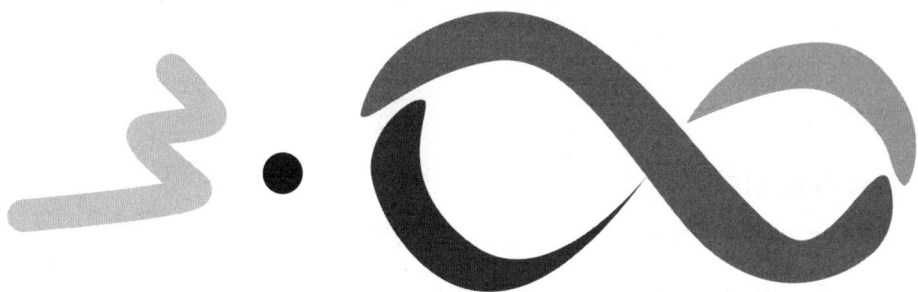

融入艺术的 STEAM 课程计划与活动设计

The A in STEAM　Lesson Plans and Activities for Integrating Art, Ages 0 – 8

［美］婕瑞楼·J. 摩尔（Jerilou J. Moore）
［美］凯丽·P. 霍姆斯（Kerry P. Holmes）　著　闻心歌 译

中国青年出版社

图书在版编目（CIP）数据

从STEM到STEAM：融入艺术的STEAM课程计划与活动
设计/（美）婕瑞楼·J.摩尔，（美）凯丽·P.霍姆斯著；
闻心歌译. -- 北京：中国青年出版社，2024.8.
ISBN 978-7-5153-7349-2

Ⅰ.G40-012；J114-4

中国国家版本馆CIP数据核字第2024B3D314号

The A in STEAM: Lesson Plans and Activities for Integrating Art, Ages 0-8

Text copyright © 2022 Taylor & Francis

All Rights Reserved. Authorised translation from the English language edition published by

Routledge, a member of the Taylor & Francis Group

Simplified Chinese translation copyright © 2024 by China Youth Press.

All rights reserved.

Copies of this book sold without a Taylor & Francis sticker on the cover are unauthorized and illegal.

本书封面贴有Taylor & Francis公司防伪标签，无标签者不得销售。

从STEM到STEAM：
融入艺术的STEAM课程计划与活动设计

作　　者：［美］婕瑞楼·J.摩尔　凯丽·P.霍姆斯
译　　者：闻心歌
策划编辑：高　凡
责任编辑：高　凡
美术编辑：张　艳
出　　版：中国青年出版社
发　　行：北京中青文文化传媒有限公司
电　　话：010-65511272 / 65516873
公司网址：www.cyb.com.cn
购书网址：zqwts.tmall.com
印　　刷：大厂回族自治县益利印刷有限公司
版　　次：2024年8月第1版
印　　次：2024年8月第1次印刷
开　　本：787mm×1092mm　　1/16
字　　数：150千字
印　　张：18
京权图字：01-2022-5325
书　　号：ISBN 978-7-5153-7349-2
定　　价：69.90元

版权声明

未经出版人事先书面
许可，对本出版物的任何部
分不得以任何方式或途径复
制或传播，包括但不限于复
印、录制、录音，或通过任
何数据库、在线信息、数字
化产品或可检索的系统。

中青版图书，版权所有，盗版必究

STEAM艺术养育

　　这是一本创新而全面的指南，通过找寻全新且令人激动的新方法进行STEM早期儿童项目中的艺术教育。章节皆以富有乐趣的活动为特色，根据年龄段划分，以积极参与艺术互动的方式将早期学术教育与社交、情感、体能和心理发展联系起来。所构建的活动包含材料清单、安全性考虑、关键要点以及相关阅读材料，且皆以研究背景为基础。简洁明了的课程计划将带您走进音乐、舞蹈、传媒艺术、视觉艺术和戏剧的不同活动，通过动态和创新的模式轻松实现在课堂与教育项目中的成长和学习。

　　婕瑞楼·J. 摩尔 (Jerilou J. Moore) 是美国密西西比大学教育学院荣誉教授，曾常年为教师教授艺术课程。

　　凯丽·P. 霍姆斯 (Kerry P. Holmes) 是美国密西西比大学初等教育荣誉教授。

献词

谨以此书献给我一生的挚爱，我的丈夫，以及我的母亲，是她让我产生了对创意艺术的渴望，还有我的家人和朋友们，感谢他们在我创作这本书期间给予的支持和爱。最后，献给所有的孩子们、学生们、老师们，儿童看护者们和家长们，因为他们深知艺术对我们的生活起到的深远影响。它是一种多么简单、愉悦的方式，让我们分享知识、传递思想、抒发情感。

婕瑞楼·J. 摩尔

我创作此书献给斯泰西，我的丈夫，我最好的朋友。他是完美的聆听者，在我创作这本书时，以各种方式给予我帮助。同时，感谢我的孩子们，他们在不同的成长时期都展现了对艺术的热情，无论是绘画、描图、歌唱、玩木偶或是完成一场表演秀。

凯丽·P. 霍姆斯

目录

第一部分
理论与实践 | 第1—3章：通过STEAM教育打开0—8岁儿童的世界，成长与性情培养/ 033

第 1 章　通过艺术实现 STEAM 教育、语言及社会学科教育 / 035

第二部分
实践活动 | 第4—8章：从做中学——艺术实践活动带来的学习与成长/ 107

第4—8章内容介绍
章节概括
推荐资源

表格目录

图片目录

作者介绍

　　婕瑞楼·J.摩尔博士，密西西比大学教育学院荣誉教授，为教师提供艺术课程教学指导，她乐于培养实习教师和在职教师通过艺术支持孩子们的身体与社交情感成长，同时鼓励孩子们活用创意思维和解决问题的方法，提高学习能力。摩尔曾两次荣获由学生和教职人员评选的密西西比大学教育学院年度教师，其研究方向聚焦阅读、科技和艺术。在担任小学校长、行政人员、教师、艺术评审、大学教授期间，摩尔积累了许多有关儿童艺术的想法，她的目标之一是将自己在课堂上与老师们面对面分享观念时的同等热情倾注在这本书中。在职业生涯之外，她热衷珠宝、陶器和玻璃装饰品设计，会为家人和朋友们雕刻木制圣诞老人，同时她还是一名狂热的书迷。

　　凯丽·P.霍姆斯博士，密西西比大学初等教育荣誉教授。她的研究和出版物涉及早期儿童教育、词汇和早期阅读。霍姆斯曾在加利福尼亚州的幼儿园和小学一年级任教5年，日常生活中，她喜欢与家人、朋友外出游玩、烹饪、弹钢琴、阅读历史小说等。

前言

　　会有人阅读前言吗？如果您的阅读偏好是跳过前言，也请别错过这一篇！您会认识我们，知道我们为何创作了这本《STEAM艺术养育：为孩子创造沉浸艺术的STEAM跨学科学习体验》；我们为什么有资格创作这本书，同时，如果您想要了解，接下来我们将为您介绍我们创作这本书经历的过程。您也会感受到当您在众多艺术书籍中选择了阅读这本书，是多么明智的决定。

　　通过多年的观察，我们发现对于全年龄段以及处于不同教育水平的儿童来说，艺术对他们的社交情感和身心成长起到的作用都是巨大的，因此我们创作了这本艺术与科学、技术、工程、数学等学科相连接的书。在艺术教育的过程中，我们从孩子们的眼睛里看见了他们经历的最原始而质朴的情感时刻，也看见了那份意义深远的成就感。在这过程的初期，孩子们几乎都是对自己的成果感到惊讶，渐渐地，这份惊讶转变为了"噢，我知道这个！""我做过这个！"我们想与您分享的是，如何通过活用此书将孩子的学习过程转变为情感的触动；让孩子感受辛勤工作的过程、掌握处理问题和创意思维的技能，从而对学习感到兴奋、激昂。

　　经历了多年在小学任教和在小学课堂指导教育专业大学生后，我们目睹了艺术在幼儿园至三年级的课堂中消失的过程。曾经的画架、厨房过家家游戏区、模拟楼房搭建的积木区和幼儿园教室中最常见的戏剧表演换装区都已不复存在。幼儿园至三年级（K—3）课堂中的艺术元素被一周一次的美术教室和音乐教室游所取代。

　　我们无法理解在涵盖科学、技术、工程和数学的STEM教育课程中遗漏艺术。复苏艺术的压力无遗是巨大的，我们开始筹划这本书，就是要让艺术加入STEM教育，从而带给孩子们STEAM教育。艺术回来了！

　　艺术，其本身就是极具价值的学科领域，对于学习其他学科领域更是影响深远。我们感到写作这本书的时机已经成熟。

作为大学教授，我们一直在寻找有价值的想法与初等教育的职前教师、毕业生和在职教师们分享，也探索将艺术带入幼儿园至三年级课堂和家中的方法。多年来，摩尔教授她的学生们如何在教学中运用艺术和手工艺项目，并重点使用回收和再造材料。本书所选择的活动都真正是她所开发的数百个活动中的精华。我们希望确保儿童收获到最佳体验，而这是由关于教育和学习的重大课题与最新研究支撑的。我们开发的活动都是那些可用于强化主要课程领域学习的，而不是一次性的、孤立的活动。

经过四年的信息收集、开发和测试关于艺术与手工艺创意，我们写作了这本《以STEM到STEAM》。因为学习始自出生之时，所以我们为0—3岁幼儿采用了数十个前期艺术活动，为4—8岁儿童纳入了50个艺术活动。我们采取STEAM教育为模型，并将艺术作为课程的重要组成部分。同时，我们将语言学习也纳入其中，因为它对于所有学科领域以及社会学习中的口头和书面交流都至关重要，且地理学和历史学的知识对于当下的思考和行动都是必要的。

当摩尔过滤她的艺术项目盒子，并开始这一愉悦而艰难的任务，选择将哪些项目纳入这本书时，霍姆斯则筛选着那些里程碑式的课题和最新研究。两位作者一起合作，就组成了完美的朋友和写作伙伴。

希望您了解我们创作这本书的目的，我们为什么写作这本书，以及我们是谁。您的孩子或您教授的学生能从本书中受益是我们最热诚的希望。

致谢

我们希望邀请所有为我们敞开教室和游戏场的人帮助我们共著此书。我们对您付出的时间、给予的灵感和专业知识致以最诚挚的感谢。

谢谢您，安妮·伯克希德（Annie Burkhead）!

安妮·伯克希德女士，密西西比州牛津市ABC学习中心（ABC Learning Center）主任，慷慨地允许我们拍摄了孩子们的照片。这是很棒的儿童保育中心，有充满关爱的工作人员和色彩明艳的设备器材。ABC学习中心培养、教育着包括来自土耳其、印度、墨西哥和中国在内，世界各地的孩子们。在观察伯克希德女士和老师与孩子们互动时我发现，他们从不休息！这真是个忙碌而快乐之地！

谢谢您，苏珊·费罗（Susan Fero）!

一条用枫香树豆荚做成的毛毛虫和熔化塑料瓶做成的鱼启发了我们写作这本书。这些将艺术与科学融合的活动来自一位圣地亚哥的学前班教师——苏珊·费罗。她向我们展示了许多她照顾的小孩子们所制作的创意艺术和手工艺作品。在参加两场活动时，苏珊从加利福尼亚州乘飞机到密西西比州杰克逊市，在密西西比早期儿童协会介绍她的想法。目前，她在一家为0—4岁儿童服务的家庭儿童保育中心工作。

谢谢您，琳达·格莱兹（Linda Glaze）!

在创作本书期间，琳达·格莱兹热情地支持了我们。我们想要感谢她付出时间分享她渊博的早期儿童教育相关知识，以及向我们借出的材料。她是密西西比州牛津市第一浸信会教堂早期教育项目主管，曾任社区团体卓越于5岁（Excel—by—5）的早期关爱与教育项目主管，密西西比州早期学习标准的合著作者，并曾担任佛罗里达州预防和早期干预政策中心的导师和评估员，使用婴儿/学步儿童环境评价体系（ITERS）与早期儿童环境评价体系（ECERS）。

谢谢您，费利西亚·波拉德（Felicia Pollard）博士!

在写书期间，波拉德博士持续地给予了我们很多惊喜和帮助。她本人对于艺术的学识与热爱，以及她对于儿童发展的理解，是弥足珍贵的。费利西亚此前作为小学教师、行政人员和兼职教授的经历带给了她独特的视角。她的反馈意见指导我们在活动方面做出正确的决定。她是密西西比州牛津市拉法叶县学区管理人员，并曾任LOU男孩女孩俱乐部（LOU Boys and Girls Club）委员会成员。

我们还要感谢以下机构、出版物、艺术家和孩子家长，感谢允许我们收录相关信息。

书籍

斯特凡妮·罗塞利：卡普兰早期学习公司（Stephanie Roselli: Kaplan Early Learning Company）

艺术家

杰夫·乔丹（Jeff Jordan）：

《好奇心》（*Curiosity*）

大卫·沃尔夫（David Wolfe）：

《圣洁的早晨》（*Sanctified Morning*）、《拉普尔塔》（*La Puerta*）、《平民主义者》（*The Populist*）

家长、监护人、教师

感谢您毫无保留地将您孩子的照片分享在这本书里。孩子们的照片使各章中的文字信息栩栩如生。

苏迪普·阿迪卡里（Sudeep Adhikari）

约翰·奥尔康（John Alcorn）

史蒂夫·阿佩尔（Steve Appel）

谢尔比·芭比（Shelby Barbee）

克里斯蒂·巴兰科（Kristy Barranco）

洛伊哈·包蒂斯塔（Loidha Bautista）

劳伦和韦德·布罗伊尔斯（Lauren and Wade Broyles）

帕特里克·伯内特（Patrick Burnett）

梅拉莉西亚·考德威尔（Melalicia Caldwell）

凯特兰·卡彭特（Caitlan Carpenter）

杰塞尔·塞佩达（Jesel Cepeda）

艾米莉·弗雷（Emily Frey）

林迪·盖迪（Lindy Gaddy）

乔什和贝丝·詹姆斯（Josh and Beth James）

克里斯和艾米莉·海恩斯（Chris and Emily Haynes）

罗宾·赫斯（Robin Hess）

考特尼·希金巴顿（Courtney Hickinbottom）

安德里亚和杰夫·霍姆斯（Andrea and Jeff Holmes）

阿伊莎·霍姆斯（Ayesha Holmes）

谭雅·霍姆斯（Tanya Holmes）

托尼亚·李（Tonya Lee）

妮可·李斯特（Nicole List）

斯特凡妮·洛克特（Stephanie Lockett）

塔比什·梅赫拉吉（Tabish Mehraj）

梅雷迪思·摩尔（Meredith Moore）

帕姆·摩尔（Pam Moore）

马洛里·鲁思文（Mallory Ruthven）

唐娜·史密斯（Donna Smith）

凯尔和乔·萨姆拉尔（Kelle and Joe Sumrall）

布列塔尼·蒂德威尔（Brittany Tidwell）

玛丽莲·韦德（Marilane Wade）

贾马尔·华莱士（Jamal Wallace）

斯蒂芬妮和杰森·威尔斯（Stephanie and Jason Wells）

海莉·威尔逊（Haley Wilson）

詹妮弗·伍德（Jennifer Wood）

孩子们

阿达尔·塔希尔（Adal Tahir）

阿达琳·海恩斯（Adalynn Haynes）

亚历杭德拉·包蒂斯塔（Alejandra Bautista）

亚历克斯·萨姆拉尔（Alex Sumrall）

阿利斯泰尔·霍姆斯（Alistair Holmes）

艾娃·华莱士（Ava Wallace）

巴纳比·霍姆斯（Barnaby Holmes）

本·萨姆拉尔（Ben Sumrall）

博文·布罗伊尔斯（Bowen Broyles）

卡洛斯·巴尔德拉马（Carlos Balderrama）

卡森·李斯特（Casen List）

凯西·莫里斯（Casey Morris）

钱德勒·凯特·芭比（Chandler Kate Barbee）

夏洛特·威尔逊（Charlotte Wilson）

克里斯蒂安·巴兰科（Christian Barranco）

克里斯琴·伍德（Christian Wood）

克里斯蒂安·考德威尔（Christian Caldwell）

科迪·詹姆斯（Cody James）

戴斯·鲁斯文（Dace Ruthven）

伊维·罗杰斯（Evie Rodgers）

贾克斯·希金博顿（Jax Hickinbottom）

兰登·里德·盖迪（Landon Reed Gaddy）

林肯·史密斯（Lincoln Smith）

莱拉·凯特·布罗伊尔斯（Lyla Kate Broyles）

玛丽·伊莉丝·詹姆斯（Mary Elise James）

米娅·特里（Mia Terry）

迈克尔·霍姆斯三世（Michael Holmes III）

迈尔斯·麦克拉蒂（Myles McLarty）

奥利弗·阿佩尔（Oliver Appel）

兰杰·奥尔康（Ranger Alcorn）

罗斯·詹姆斯（Ross James）

萨迪·海恩斯（Sadie Haynes）

斯凯勒·詹姆斯（Skylar James）

索拉斯·阿迪卡里（Solace Adhikari）

塔克·莱茵斯（Tucker Rhines）

泰勒·蒂德威尔（Tyler Tidwell）

范·弗雷（Van Frey）

怀亚特·威尔斯（Wyatt Wells）

机构许可

美国核心知识基金会（Core Knowledge Foundation, CKF, 2013, 2014），萨曼莎·莱加德（Samantha Legard）

美国幼儿教育协会（National Association for the Education of Young Children, NAEYC, 2018），许可团队

美国核心艺术标准（National Core Arts Standards, NCAS, 2015），马西娅·麦卡弗雷（Marcia McCaffrey）

国际教育技术协会（International Society for Technology in Education, ISTE, 2016），阿莉莎·维塔莱（Alyssa Vitale）

新一代科学教育标准（Next Generation Science Standards, NGSS 2017），凡妮莎·沃尔布林（Vanessa Wolbrink）

通用和公共许可证

美国社会研究协议会（National Council for the Social Studies, NCSS, 2010），珍妮·博戴（Jenny Bauduy）

美国语言和数学共同核心州立标准（Common Core State Standards for Language Arts and Mathematics, 2010），格蕾丝·马丁（Grace Martin）

有效教育策略资料中心（What Works Clearinghouse），美国教育部教育科学研究所（Institute of Education Sciences, U.S. Department of Education），服务团队

劳特利奇出版社编辑团队

我们十分感激劳特利奇出版社的编辑们，其部门隶属于泰勒—弗朗西斯出版集团：编辑米莎·基德（Misha Kidd），教育助理编辑奥莉维亚·鲍尔斯（Olivia Powers），以及制作编辑亚什妮·贾布森（Jashnie Jabson）和项目主管贾扬提·钱德尔（Jayanthi Chander）。自一开始，在创作的各个阶段我们都收到了团队提供的信息帮助。编辑们总是迅速、仔细地回应我们、帮助解决问题，并鼓励我们有需要随时联系。

本书介绍

　　打开这本《STEAM艺术养育：为孩子创造沉浸艺术的STEAM跨学科学习体验》。您会发现大量适合0—48个月儿童，构建于标准基础上以艺术促进学习的方法，以及适用于4—8岁孩子们的50项艺术活动。书中的这些活动重视、提升了艺术在日常课程中的位置，并使艺术成为STEAM教育中其他课程（科学、技术、工程和数学）的教学支持。我们的内容涵盖了语言和社会学科，以创建一套完整的基础知识学习机会。您会发现早期儿童教育领域顶尖专家们提供的信息和建议，也有经过现场试验的概念想法，这些想法来自极受敬重的教师、家长、儿童保育主任、看护者、儿童图书馆员以及对早期儿童教育充满兴趣的大学生们。

第一部分：理论与实践。
第1—3章：通过STEAM教育打开0—8岁儿童的世界，成长与性情培养

　　第一部分包括第1—3章。这几章节提供了以研究为基础关于幼儿成长和发展的教育信息，并附有现实生活案例。第1章中的表格涵盖学科领域包括视觉艺术、音乐与舞蹈、剧场与戏剧、传媒艺术、科学与工程、技术、数学、语言、社会学科。第2章包括身体和心理成长以及社交能力和情感成长内容。各个表格中的信息皆来自教育标准和教育从业者。

第1章
通过艺术实现STEAM、语言和社会学科教育

　　本章关注以艺术为重点的学科领域学习。以简短的艺术史介绍开始，展示艺术如何在几千年来作为世界通用的代表性交流形式。讲述艺术如何

在现今的日常课程中被削减，以及怎样让其回归。本章有九个表格，包含STEAM教育科目、语言和社会学科的学习目标，以帮助您将五种艺术形式融入综合学习计划。

第2章
通过艺术实现身体、心理、社交能力和情感成长

在这一章，您会找到两个表格，包含关于0—8岁儿童身心发展的基本信息。内容包括睡眠姿势和监督婴儿俯卧时间，以及对其健康和成长重要性的建议。我们纳入了皮亚杰儿童心理发展的四个阶段内容，帮助您判断在儿童不同年龄段支持他们学习的最优条件。您可学习到运用艺术活动促进儿童手眼协调和肌肉发育、控制能力的多种方式。名为"以一个孩子的眼睛"的六个现实生活场景展示孩子们处理社交和情感经历的方式。他们的故事可能让您为孩子们看待世界的方式感到惊喜，有的也可能令您伤感。

第3章
适用于0—3岁儿童的前期艺术体验

在本章的内容中，您会发现我们对于0—3岁儿童前期艺术体验的独特关注。在这个年龄段，婴儿、学步儿童和幼儿学习能力快速成长，为未来在学校中的成功奠定基础。即使是针对很小的孩子，您也将在这里找到相关建议、现实生活经验和特定活动来培养和帮助他们的早期学习和成长。同时，本章还涵盖了通过谈话、互动朗读积累词汇的方法，以及各种游戏、积木、沙盘游戏、有指导的漫步探索自然等。

第二部分：实践活动。
第4—8章：从做中学——艺术实践活动带来的学习与成长

第二部分包含适用于4—8岁孩子的50个分步活动。这五章分别为视觉艺术、音乐、戏剧和剧场、动作和舞蹈以及传媒艺术。

通过艺术，孩子们可以发展他们的头脑和体能。他们锻炼、学习手眼协调，并活动大小肌肉。孩子们被要求与他人分享空间和材料。他们开始观察到其他人和自己有着不同的想法，这给了他们学习社交互动技能的机会。当孩子们与艺术互动时，他们开始发展诸如探究、解决问题、自律和毅力等性情。

第4章
视觉艺术

视觉艺术涵盖二维和三维艺术与手工艺，其中包括摄影、雕塑和建筑。您会找到将视觉艺术与另外四种艺术形式以及其他学科领域的学习相结合的方法。这一章蕴含着许多不同的方式，让孩子们在学习和锻炼技能和技巧时运用他们的想象力。

第5章
音乐

音乐对情绪具有强大的影响，并且在孩子们参与独立活动或集体活动时，都非常适用于营造欢乐的气氛。通过本章内容，您将找到唱歌、制作和演奏乐器的活动。孩子们可以用自己的嗓音和制作的乐器探索声音、节奏和拍子。年龄较大的孩子可以学习全音符、二分音符和四分音符等节奏。

第6章
戏剧和剧场

这一章提供了不同的方式让孩子们通过哑剧、面部特征和手势来交流感受，以及表演来自真实和想象的人物和事件情节。您会了解到将戏剧和剧场与其他艺术形式相组合的多种方式信息。

第7章
动作和舞蹈

在本章中，您会找到让孩子们运动和舞蹈的许多方式。通过动作和舞蹈，孩子们可以演绎历史事件、自然现象、数学和科学。舞蹈是世界共通的。孩子们会了解到世界各地的人们仅为了乐趣和庆祝就会舞蹈。

第8章
传媒艺术

传媒艺术一章所覆盖的信息让孩子们将图像和动态相结合，通常是运用科技创造一个艺术项目。您会发现多种方法来帮助孩子通过多媒体项目表现、回应并与STEAM教育、语言和社会学科内容产生连接。

● **来自作者的注释**
下列为本书中所使用词语的含义：

- 婴儿：出生至1岁。学步儿童：1—2岁。
- 语言涉及阅读与写作、听力与口语、观看与视觉表现。
- 视觉艺术是二维和三维的艺术作品，能够促使孩子们使用创造性表达和创新思维。
- 手工艺品是具有预期效果的结构化视觉艺术。孩子们学习遵循分步指示，制作与老师展示模型相似的成品。

第一部分

理论与实践

第1—3章

通过STEAM教育
打开0—8岁儿童的世界，
成长与性情培养

第 **1** 章

通过艺术实现STEAM教育、语言及社会学科教育

以艺术表达个人思想似乎是世界普遍的人类特征。最早有记载的岩石艺术和贝壳雕刻距今已超过75,000年，这表明人类具有象征性表达的需求。纵观历史，人类通过编篮、图腾柱雕刻、蚀刻画、绘画、洞穴艺术和雕塑等视觉艺术形式表达自我。此外，人们还将音乐、舞蹈和戏剧作为纪念出生、逝世、自然主题以及其他重要事件的工具。因此，现在的孩子们同样需要将艺术作为一种表达方式也不足为奇。

在与孩子一起时，成人可以充分利用这种象征性表达的内在需求。婴儿和学步儿童缺乏口头语言技能，依赖于哭闹、咿呀学语和手势进行交流。随着他们逐渐长大，他们可以开始通过口语和在纸上做标记来传达想法。从随机探索开始的标记和涂鸦要发展到一种交流方式离不开观察和思考。让孩子们通过艺术表达自己必须成为8岁以下孩子日常课程的一部分。

艺术，曾经在幼儿园至三年级课堂中作为重点，现在被更为结构化的活动所取代。老师要为孩子们达到具体的语言和数学学习标准负责，这客观导致

的结果是，幼儿基本的沟通技能和性情，包括自我意识、自律、社会化和情绪控制可能会被弱化。当在上课的日子增加更多的学术内容时，曾经是幼儿教育标志的亲身实践探索学习将大大减少。我们记得那些日子，并非很久以前，孩子们在幼儿园通过亲身实践活动和玩乐来学习、交流以及发展想象力。当孩子们探索一个对他们来说的新世界时，这些教室都仿佛与孩子们的声音一同愉悦地哼鸣。如今，年幼孩子们通常都被要求安静正坐、圈出正确答案和给图片涂色。

随着对提供早期学术学习机会的推动，对以研究为基础的实践需求随之而来，以给孩子们提供尽可能好的学习经历，即结合了亲身艺术实践探索和学科领域学习。美国幼儿教育协会指出，"贯穿日常课程的扎实内容可以用有趣且具有发展适宜性的方式教给儿童……但往往并非如此"。

我们担心在幼儿园至三年级的课堂中孩子们的要求并未被满足。在教室里日常发生的艺术已大大减少，或被一周一次的艺术教室和音乐教室所取代。我们遇到的绝大多数幼儿教育老师说："我只是没有时间让我的孩子们做像艺术这些有趣的事情。"有的老师甚至补充道："即使孩子们通过亲身实践学习得最好。"

请考虑下这段陈述的逻辑。幼儿园至三年级的教师们认识到亲身艺术实践有助于学习，然而艺术被视为"有趣的事情"，更因为时间限制被大大减少。本书的目标是为教师们提供将艺术引入学习STEM课程的方法，使孩子们能够进行探索、发现和提问从而引入到科学、技术、工程、数学等学科的学习。

教育和学习的科学

您知道很小的婴儿都有模仿成人表情的能力吗？您知道孩子的学习曲线在人生最初的五年是最陡峭的吗？当您把婴儿抱在怀中时，他/她的大脑会通过多种感官体验积极参与学习。当您朗诵童谣时，即使婴儿似乎没有在听，他们也在通过触摸、轻微的律动和语言的声音获取信息。这样的事实可助您了解，虽然哭闹的婴儿、高需求的学步儿童和常处于一片混乱中的3岁孩子让您的日子紧张而忙碌，但您唱的每一首歌、说的每个词语和给他们的每一次触摸都会引发孩子们头脑中的学习风暴！

多项研究表明，支撑语言、读写能力和掌握世界知识的基础能力始于婴儿期。美国国家研究理事会（NRC）收集的研究显示（NRC），婴儿经历了身体、认知和语言发展的关键过程。

通过先进的非侵入性技术，科学家们已能够研究有生命体孩子的大脑。我们现在知道，一个儿童工作记忆的发展在其7—10个月大时增进。在17—24个月之间，会出现"语言、推理、道德感和自我意识"。从婴儿期开始，儿童就表现出具有记忆事件、进行因果关系行动和数字推理的能力。儿童的大脑在其生命最初的几个月和几年中具有惊人的可塑性。科学家们发现婴幼儿"天生就会学习"。

神经科学研究表明，积极的学习经历可激发大脑记忆并促进学习。由此，幼儿可以，并且应该在早于之前权威认证的学习年龄就开始学习基础的语言、读写和学术内容。关于学习的科学证明，我们必须找到一种方式通过自我发现和探索以及直接和间接的教学，充分利用幼儿大脑的快速成长期。

STEM教育与融入艺术的STEAM教育

随着对更新日常课程的推动，以帮助学生为21世纪的工作环境做好准备，以及对科学、技术、工程和数学（STEM）的兴趣再次盛行，刺激了从出生时开始，延续到学龄前，并贯穿幼儿园至十二年级课程的改革。穆玛和戴维斯发现，通过将STEM科目整合到学前日常课程中，3—5岁的幼儿开始构建自己的基础知识和性情。**由STEM教育扩展到STEAM教育使教育工作者注意到，科学、技术、工程和数学与艺术共享许多相同的思维、逻辑、技能，例如创造性思维、设计以及真实世界解决问题的能力。**本书中的活动提供多种形式来教授艺术中的元素，并将它们与STEAM科目、语言和社会学科相融合。

"矮胖子蛋先生"碎片复原的课程挑战

将学术知识纳入学前和幼儿园项目造成了日常课程的巨变，我们将其比作儿歌中的"矮胖子蛋先生"（Humpty Dumpty）。在我们的比喻中，"矮胖子蛋先生"是指现在被切分为许多碎片的日常课程。本书并非只选择语言中的某一部分、一门社会学科或STEM教育中的单个板块，而是包含了大量丰富的方式帮助国王的手下将"矮胖子蛋先生"的所有碎片重新组合在一起。

■ 通过四种方式，国王的手下可将STEAM教育中的艺术重新纳入日常课程

1. 为3岁以上的孩子提供观众和意义。告诉孩子们他们的作品将如何被分享和展示给其他人观看。从教室外面寻找观众，例如家人和其他教室的老师们。富有创造性并融入社区。密西西比州一城镇的许多银行曾将孩子们的艺术作品挂在他们的墙上，并附有每个孩子的姓名、年级和就读学校。密西西比州的另一个社区每年都会举办面向全州儿童的艺术比赛。

2. 根据以往的经验和知识来提问。通过展示照片、视频短片和信息书籍来积累知识。孩子们如果对他们被要求表达的内容有知识积累，会更有兴趣通过艺术来表达想法。例如，如果孩子们知道真正的乌龟的样子，让孩子们画一幅乌龟的图片会更有益处。孩子们也可以选择通过艺术自由发挥，画一只有绿色波尔卡圆点的粉色乌龟，但即使这种方式，也是当他们看过真正的乌龟，知道自己进行了奇特和不寻常的创作时更有趣味性和教育意义。

3. 将艺术与其他学科领域相结合。对于数学和工程，您可以请学生寻找所在环境中的三维形状，并通过口头和书面形式描述它们被运用的方式。如要超越儿童的世界，可展示视频平台上与内容相关的主题视频。

4. 为促进词汇和口语进步，让孩子们绘制或制作它们熟悉的事物，例如他们的家或家人，并鼓励他们描述自己的作品。请词汇量较少的学步儿童将作品中无法口头描述的特点用手指出来。年龄大一点的孩子可以用口头和书面描述补充更多内容和细节。

图片1.1
男孩在凌乱的桌上
涂画

在不干扰的情况下教授STEAM教育中的艺术

提供一个不会被凌乱的艺术材料破坏的工作环境。告知家长关于艺术活动的信息并准备好旧衬衫或罩衫。请确保孩子们知道如何爱护艺术工具。在开始使用材料和工具前，让孩子们探索如何安全地使用它们。因为孩子天生充满好奇，他们无论如何也会这样做，所以加入探索时间有助于孩子专注艺术创造，同时学会正确使用、爱护艺术工具。请注意到桌面被干颜料覆盖，那是经过长时间孩子们探索涂颜料和使用笔刷留下的痕迹。

帮助0—8岁的孩子们去体验自我满足、自豪感，以及目睹一项工作从开始到尽力完成所带来的愉悦。准备好额外的材料以应对多次尝试的需求。许多孩子对他们作品的样子非常挑剔，并且无法从他们弄脏、撕毁或意外涂上颜色或线条的作品中获得乐趣。

可以被需要，但不进行干扰。在自主活动中，孩子们需要有人能与他们讨论和分享想法，以及能帮助他们用不同方式使用艺术工具。通过观察孩子们作品中引人注目的地方来认可他们的努力，例如："有一次我曾目睹了夕阳下最美丽的天空，你选择的天空颜色让我想起了那次绚丽多彩的日落。"因为观点陈述会打断艺术家的思路，请避免以粗略模糊的观点进行干扰，如"我真为你骄傲"，或尝试将自己的想法植入孩子的作品进行陈述。

教学方式的种类

■ 间接式教学

间接式教学基于建构主义学习理论，让孩子们通过对发生在所处环境中的事件进行探索和提问来构建学习。当事件不合理时就会导致认知失调。认知失调是在儿童与自然和社会世界的互动与他们的经历相矛盾时产生的。**教师的职责就是将孩子们从耸耸肩的漠不关心转变为主动寻求问题的答案，从而能够帮助他们理解见到和经历的事情。**这种对知识的追求对每个孩子来说都是个人的。孩子们增长的兴趣会使他们准备好寻找答案，将它们与以往的经验和知识联系起来，并反思他们学到的内容。

在孩子们参与艺术活动时，您可以选择运用间接式教学法，寻找可教导的时刻进行教学。当使用间接式教学法时，跟随孩子们的引导，聆听他们所说的内容，参与支持他们思考的对话。对话，不论多么简短，都能让您在孩子的工作环境下判断问题并助力早期学习。虽然间接式教学不是系统化的，但您可以寻找那些儿童能够学习的词汇和概念，并将其运用到与孩子的沟通中。例如，当您正教授关于世界河流的内容，一个孩子画了一幅河流和周围地貌的绘画时，您可以询问："如果你要画的河流是尼罗河，是世界最长的河流，你会怎么画？"这样一来，您介绍了地理知识，也为学生打开了一扇探究不同河流位置和面积的门。

■ 直接式教学

大量的研究表明，当瞄准具体的学术目标时，直接式教学是一种效果显著的教学方法。直接式教学是一种由教师主导的教学方法，遵循计划好的一系列步骤来促进学习。这种方式被指责为是将大量事实灌输进孩子们的脑中，虽然这是被普遍相信的说法，但这并非事实。一堂设计精良的直接式教学课可以为所有孩子带来许多自主实践和互动体验。以下是以研究为基础的直接式教学原则整合，一直以来它对于所有年龄段孩子们的学习、记忆和知识运用有着十分积极的影响作用。

1. 回顾孩子们之前所学的内容，并计划多种方式在此学习基础上继续积累。
2. 告诉孩子们他们将要学习的内容，并设定一些中期目标以鼓励取得成功。
3. 将思考过程说出来，并示范您学习材料和完成活动的方式。
4. 通过细小的步骤教授新内容，并在每一步后带领孩子们通过实践活动和书面作业进行简要练习。
5. 给孩子们独立练习的时间，由此确定谁需要更多指导，谁可以进入下一阶段的学习，以及谁可以通过书面和各种材料资源将学习扩展到更高层面。

使用直接式教学进行跨年龄辅导对于年龄较大的学生辅导员，亚历杭德拉，是一种强化学习的方法，她正在为克里斯蒂安和克里斯琴教学。请注意这两名年龄较小的孩子是多么专注于这节关于使用礼貌手势的课程。

在运用直接式教学教授的学科整合艺术课中，仔细选择学术目标，设计并教授您希望孩子们学习的词汇、概念和技能。如果您想教授有关世界上的河流的知识，孩子们可以在地图上定位河流，比较和对比它们的长度，识别靠近河流的大城市，并探索许多大城市位置靠近河流的原因。要整合艺术、科学、语言和社会学科，孩子们可以记录图解说明日志，记下他们学习了哪些关于河流的内容。

图片1.2
三个孩子进行跨
年龄辅导

■ 教学方式的整合

通过直接式教学学到的知识和技能可以在间接式教学中强化并延伸。或者，采用间接式教学学到的知识和技能可以为孩子们打下体验式学习的基础，孩子们可以在此之上通过直接式教学构建学习。请想象一下，您通过结合直接式规划序列课程与基于探索和适当教学时机的间接式教学，可以提供多么强大的学习环境！

触手可及的学习目标

以五个艺术种类为起点，表格1.1—表格1.9中的信息是各项标准中对STEAM教育、语言和社会学科内容的综合教学与学习建议。深知教师们每天争分夺秒地教授繁重的课程任务，本章中设计的表格旨在支持规划有效利用可用时间。

在每个表格中，您可以看到学前班至8岁孩子们在成长和进步过程中应该知道并能够做到的内容学习进程。在表格的顶部列有每个学科领域的内容来源。以下部分含有STEAM教育中的A所代表的五种艺术的信息。

■ 视觉艺术

孩子们可以通过探索描图、绘画、折纸、剪裁、粘贴、雕塑、编织、缝纫和搭建，参与二维和三维视觉艺术和手工艺活动。

对使用材料的多种方式的探索并非专属于幼小的孩子们。用食用色素上色的剃须膏为所有孩子们提供探究颜色、质地和形状的机会。巴纳比喜欢在感受剃须膏的质地、做出不同形状或只是简单地用手指按压膏体时把手完全放入并把手弄得乱糟糟。他可以塑造出不同的地理图形如丘陵和山谷、蚀刻出水体、制作和混合出彩虹的不同颜色。孩子们可以使用为敏感皮肤制作的剃须膏或戴上薄塑料手套。

给孩子们机会观察、学习和讨论专业艺术家的艺术作品。除了向大师学习

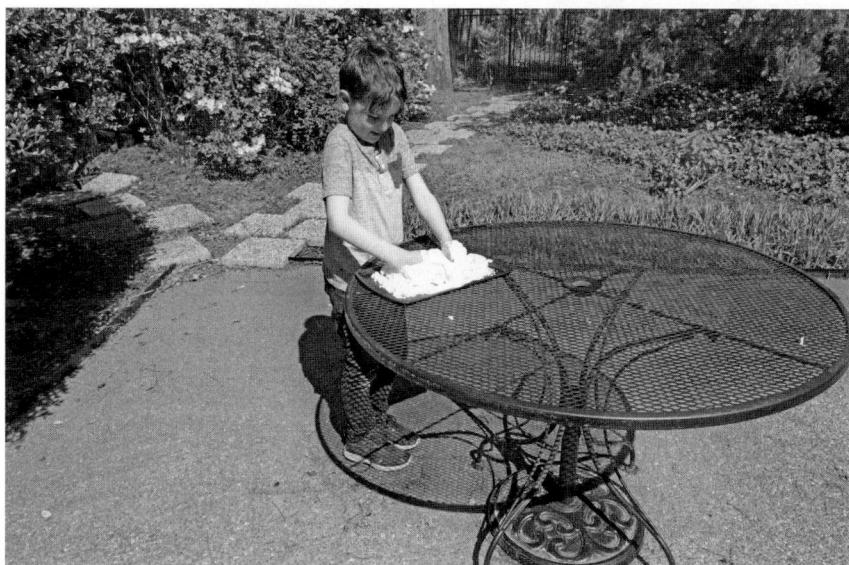

图片 1.3
男孩与剃须膏

外，他们还将受益于观赏植物、动物和地貌的特征、人造结构的设计以及楼房的建筑线条和特点。

让孩子们观看比例失真的艺术作品，例如这幅描绘小鸡的丙烯画，杰夫·乔丹的《好奇心》，以明白比例的作用，以及如何能在他们的作品中利用它。

给孩子们拓宽关于视觉艺术知识的机会，将打磨创造性思维并进一步加深他们对表达思想方式的认识。视觉艺术与其他学科领域（语言、社会学科、科学与工程、技术和数学）的结合，将加深对两方面领域的认识。请见表格1.1。

■ 音乐与舞蹈

音乐是吸引注意力和让孩子们参与的最有效方式之一。我们一次次地看到孩子们听到音乐后兴趣高涨，并将注意力转回课程或活动中。当歌声中加入律动时，孩子们不仅参与度更高，并且参与过程中会更加兴奋。歌唱和演奏音乐

图片1.4

杰夫·乔丹：
《好奇心》

表格1.1　视觉艺术

描图的阶段	绘画的阶段	摄影	雕塑
二维	**二维和三维**	**二维**	**三维**
◇用一种或多种颜色做随意标记 ◇涂鸦画圆圈、曲线、直线 ◇画锯齿形、波浪形、螺旋形、水平的、垂直的、粗的、细的线条 ◇写有圆线条的数字（0、6、8、9），写有直线条的大写字母 ◇组合各种线条形状来描绘人类、动物和各种无生命体 ◇更改图片中主体的比例以创建有趣的效果 ◇指出原色和二次色 ◇混合颜色以制作新的色调 ◇判断通过各种线条和颜色表现主题的方式 ◇将完成的艺术与专业艺术形式中使用的线条进行比较，以确定异同	◇用手指、刷子、海绵、印台创作 ◇用手指和剃须膏和水溶性颜料绘画 ◇从圆圈开始，进展到各种线条和形状 ◇绘制随机和简单的图案 ◇调色和用颜色试验以产生对比鲜明的光影效果 ◇通过添加沙子、鹅卵石、胶水或在粗糙或光滑的表面上绘画来创建质地效果 ◇观察暖色和冷色如何产生不同的情感效果 ◇判断光影效果如何吸引注意力 ◇判断观看同一件艺术品时光线的变化如何产生不同的效果 ◇使用重复的笔画来增加趣味	◇观看颜色和阴影如何影响黑白和彩色照片和视频中表达的情感 ◇观察图像中的线条形状：直线、之字形曲线、粗细、折断、连续、水平、垂直、对角线如何为照片增添多样性 ◇学习世界各地儿童艺术照片 ◇识别自然和人工合成照片中的几何与不规则形状和图案 ◇识别前景和背景照片的效果以及它们在视野内变化的形式 ◇试验前景和背景照片 ◇学习照片或视频中捕捉到的动物、人、自然和人造物体以及不同地形	◇通过动手探索和使用模具来将材料塑形 ◇认识三维形状包括高度、宽度和深度 ◇运用关于线条、几何和不规则形状的知识制作三维图形 ◇研究小型物体以识别形状和比例的三维细节 ◇研究雕像以学习视觉艺术形式如何使用形状和比例互相配合 ◇凭借经验，用各种材料制作雕塑：橡皮泥、黏土、纸、沙子、泥土、湿沙、花园铁丝网、金属衣架、箔纸 ◇利用想象力对柔性材料进行模具塑形、弯曲和造型，并在软材料上雕刻浮雕图案 ◇学习专业人士在工作中使用形状、质量和线条的方式 ◇学习建筑以了解视觉艺术形式如何通过线条、形状和质量知识互相配合

基于美国学前教育核心知识基金会；美国核心知识基金会；美国幼儿教育协会；美国核心艺术标准

会激发身体和情感的反应。团体歌唱会帮助孩子加强与同学的关系。当给孩子们各种简单的乐器或发声器时，孩子们会在探索不同的声音、节拍和节奏时进行自我表达。

有许多资源将各学科领域的知识与音乐相结合。较为年幼的孩子们可以通过哈帕·帕默（Hap Palmer）的歌曲（我们最喜爱的音乐之一）学习基础学术内容，并可通过CD、视频平台和网络音乐平台获取。要让年龄较大的孩子站起来、动起来，可以试试《超有趣儿童舞蹈练习》（*Ridiculously Fun Dance Exercises for Kids*）。快速浏览网络内容可以找到许多儿童音乐，它们可以促进全年龄段儿童的律动、积极的聆听和学习。

个人自由式舞蹈或编排舞蹈是可以让孩子们对古典乐、流行乐、爵士乐和不同文化的代表音乐做出回应的愉悦方式。自由式舞蹈可以让孩子们通过配合音乐节奏和节拍的律动来表达感情。孩子们在掌握编排舞蹈时学习遵循序列指示。

通过在学科领域的学习中加入舞蹈助力体能和认知成长。孩子们可以舞蹈出一段故事来强调情节的开头、中间和结尾，或是来介绍角色、问题和解决方法。对于非虚构类内容，孩子们可以创造表现真实现象的舞蹈动作，例如月相、水循环、飞机螺旋桨、蜜蜂和传粉。对于最后这项，可播放里姆斯基—科萨科夫（Rimsky-Korsakov）的《野蜂飞舞》（*Flight of the Bumblebee*）。请见表格1.2。

■ 剧场和戏剧

剧场和戏剧是强效的交流工具，可用于帮助孩子们学习所有学科或感兴趣的领域。**通过戏剧，孩子们有各种机会表现他们知道的内容，并就某个主题展示他们有关感受和思考的性情**。通过对真实事件的戏剧化表现，孩子们可以加深对于以事实为基础的内容理解。他们能够运用想象力演出虚构故事和关于想象的人物、发生在想象的地点的著名故事。

通过自由玩耍，孩子们也可以参与到虚构戏剧情节中并进行自我对话。当给一名幼儿一些橡皮泥和一套小型塑料恐龙时，他便使用这些道具创造了一个关于恐龙的戏剧性故事。在这段探索时间中，他一边演出恐龙的动态，一边进行了许多自我对话，他把恐龙压到橡皮泥里制作足迹，也把它们藏在橡皮泥堆

表格1.2 音乐与舞蹈

音乐/歌唱	演奏	作曲	舞蹈/律动
◇跟唱歌曲中的单词或词组:《砰! 去追黄鼠狼》(Pop Goes the Weasel) ◇独唱和与大小团体歌唱 ◇把歌曲中的词语唱、说、低语、喊出来 ◇保持固定音高唱歌 ◇富有表现力地唱歌并保持固定音高 ◇改变音高(高/低)、音量(响亮/柔和)和节奏(快/慢) ◇选用伙伴歌曲和在轮次歌曲创造人声和声 ◇唱含有第二语言单词的歌曲 ◇唱含有丰富词汇的歌曲和童谣 ◇辨别歌曲影响情绪的方式 ◇制作简单的乐器在唱歌时使用	◇用简易的课堂乐器演奏歌曲和音乐:振动筛、鼓、键盘乐器 ◇在4/4拍中演奏节奏型 ◇保持稳定的节奏 ◇演奏重音节拍并聆听他们对音乐的影响 ◇念出五线谱上的音符并用琴键或乐器演奏:C、D、E、F、G、A、B、C ◇了解和使用全音符、二分音符、四分音符和休止符 ◇将全音符、二分音符、四分音符和八分音符与数学联系起来 ◇跟随符号渐强(<)渐弱(>) ◇复制带领着用拍手或敲击演奏的旋律和节奏型 ◇当演奏不同类型的课堂乐器时,认识管弦乐队乐器系列:弦乐、木管乐器、打击乐器、铜管乐器 ◇比较来自不同文化的乐器	◇通过拍手为熟悉的歌曲创建节奏型 ◇使用手臂和手部动作来显示节奏和音高 ◇通过改变节奏、音调、重音和音量来营造情绪:惧怕、愤怒、快乐 ◇试验缓慢、快速、快乐、悲伤的音乐影响感觉和情绪的方式 ◇辨别不同乐器传达情绪的方式(小提琴、鼓) ◇用课堂乐器创作歌曲和音乐 ◇创作音乐来传达情绪 ◇识别不同文化通过音乐表现情感、传统和庆祝的多种方式 ◇学习关于作曲家和他们音乐的历史 ◇聆听各种古典音乐:约翰·菲利普·苏萨(John Philip Sousa)的进行曲,贝多芬(Beethoven)的第九交响曲、《欢乐颂》(Ode to Joy)	◇随着不同的音乐根据不同的节奏和韵律鼓掌和行进 ◇跟随各种音乐中的节奏型创造性地律动,包括来自不同文化的音乐 ◇为不同类型的音乐编舞 ◇通过动作和舞蹈传达含义:热/冷、快乐/悲伤 ◇即兴创作或跟随简单的节奏型舞蹈 ◇遵循简单的律动和舞蹈日常:呵吉啵吉舞(Hokey Pokey Shake)、 排舞(Line)、方块舞(Square)、木屐舞(Clogging) ◇观看和学习不同历史时期的舞蹈 ◇根据不同的音乐流派律动或舞蹈 ◇根据4/4拍和3/4拍音乐舞蹈 ◇将舞蹈与其他艺术形式和不同的学科领域联系起来

基于美国学前教育核心知识基金会;美国核心知识基金会;美国幼儿教育协会;美国核心艺术标准

下面，说橡皮泥是恐龙的房子。在这些戏剧化创作和戏剧化的行为过程中，除了确保他安全地使用材料，我们没有提供任何指导。我们把他建造的房子称为栖息地，以在他的戏剧环境中向他介绍一个新词汇。

参与表演滑稽短剧和正统戏剧的孩子们运用平衡和有控制的动作演出他们的角色。因为需要靠近其他人物和道具，他们会增进空间意识。在说话时，孩子们有机会学习怎样处理自己的声音、清晰表达词语，并运用面部表情和身体语言传达含义。

孩子们在演出时通过行为和对话轮流做出回复，他们学习合作和其他社交技能。由于需要等待他们说话的时机，他们通过练习和表演的过程学着成为好的倾听者。他们有机会通过自己表演的角色和需要帮助的同学来培养同理心。要完成一场非正式或正式表演，孩子们学习的社交技能包括团队协作、依次轮流、分享，以及就不同想法进行合作。参与戏剧的孩子们在演出前、演出中和演出后都在运用批判性思维和解决问题的能力。

剧场和戏剧给不愿在同龄人或大量观众面前表演的孩子们提供了许多方法来顺应需求、调节恐惧。害羞或不情愿的孩子们也有多种机会表达自己，可以藏在幕帘背后或用一个玩偶代他们讲话。一位幼儿园老师曾让一名口吃的小男孩在圣诞戏剧中表演主角圣诞老人。他说出了台词："嗬，嗬，嗬！嗬，嗬，嗬！"这是他在同学和家长面前闪耀的时刻！请见表格1.3。

■ 传媒艺术

图像和动态是两个不同的词语，当它们用在一起时，就是对传媒艺术的描述。电子和非自动化资源传送图像和动态与变化的幻影。孩子们可以观看、聆听以及使用动态、光效和声音创作传媒艺术。让儿童参与传媒艺术的材料包括翻翻书、万花筒、相机、互联网、交互智能平板、电脑、视频、手机、在线与离线音乐和光源。如今的世界对孩子们来说触手可及，他们可以通过指尖资源学习直接面对的世界内外的生物和非生物，并理解历史和多样性。

传媒艺术中的元素，例如时间的变化、空间、动态、力量、模式和重复，很适用于学科整合学习。向孩子们展示关于自然界中的昆虫和动物的短片，可帮助他们识别动作、形状和颜色，这些也可用在自己的艺术品中。通过接触这

表格1.3　剧场和戏剧

扮演和戏剧	道具	表演	文本结构
◇表演叙事性的哑剧，并表现故事或真实事件中角色的情绪和行为 ◇模仿人类、动物和无生命角色的外观和行为 ◇了解现实与虚构之间的差异 ◇创造一个虚构的场所，并通过戏剧或引导剧假装生活在其中 ◇计划多种方式让孩子使用肢体和声音来戏剧化表现真实和虚构的人物 ◇判断通过添加手势和动作以重现或复述真实或虚构事件的方法 ◇创造角色、自造词语和以不同方式即兴创作想象事件，以与当地社区和世界各地的文化事件联系起来	◇判断可用作道具的物品 ◇独立、与一名伙伴或小组合作，为故事或基于事实的戏剧制作道具、服装、面具和木偶 ◇创造、使用道具和木偶进行想象戏剧和导演戏剧 ◇绘制风景并制作图片和设计以增加有趣味的表演前景或背景 ◇制作音乐道具，例如简单的打击乐器和卡祖笛 ◇选择来自世界各地的音乐来营造戏剧氛围 ◇确定创造声音效果的方法，包括雨、风和情绪，如阴森的、悬疑的、快乐的、有趣的 ◇探索改变灯光来营造氛围的方法	◇做一个好的观众：观看和聆听、有趣时大笑、为努力和娴熟的表演喝彩 ◇通过涵盖眼神交流、手势、声音大小和语调的脚本式双向对话，锻炼积极的聆听和高效口语技巧 ◇通过让观众参与感官体验来增加趣味，例如主题小吃、强烈的气味、灯光、音效、音乐和与主题相关的小物品 ◇学习和练习在戏剧或引导剧中有效使用道具和木偶的方法 ◇清楚地演出事件的过程，例如生命周期、传粉、声音和振动 ◇戏剧化表演变化的事件，例如在好天气中行走、在风中、雨中或赤脚在炎热的人行道上行走	◇阅读来自不同背景的儿童的故事，并确定表演出故事开头、中间和结尾的方式 ◇在包含故事开头、中间和结尾的引导剧或创意戏剧中为情节和故事添加新的细节 ◇写简单的故事并使之戏剧化，并包括故事所需元素：情节、人物、背景、问题/冲突、解决方案 ◇讨论可能的角色说话和移动的方式，以支持故事情节的上升和高潮 ◇创建两个角色之间的对话，以及使用语音、手势和面部表情来辅助对话的方式 ◇使用信息性文本结构：描述、时间线或顺序、问题和解决方案、因果关系、比较和对比来表现或说明基于事实的信息 ◇选择其他国家发生的事件，判断事件的发生过程，并以叙事性的表现方式描述 ◇策划不同方式来创造情绪，使叙述者或演员在历史事件中解决问题时可以表达出来

基于美国核心艺术标准；美国幼儿教育协会

些内容，孩子们能够利用所见所闻来策划和创造自己的传媒艺术形式。

　　传媒艺术提供独立和合作机会，进行自由和指导性探索，并导向最终制作的产生、开发、改进和展示。这种发展顺序与美国核心艺术标准（NCAS，2014）中的框架相似：创造、表演、反馈和连接。当孩子们遵循这个框架时，他们可以开发和创造传媒项目来与人分享。他们可以从对作品的反馈中分析和学习，并将所学与下一个项目相连接。请见表格1.4。

学科领域学习目标

　　本节包括有关科学与工程、技术和数学的STEAM教育学科领域信息。此外，还包含关于语言和社会学科的学术内容。

■ 科学与工程

　　只要孩子们能够看见、听见和接触物体，他们就会观察并测试各种现象。他们通过观察并与远处和近处的物体互动来学习。他们看到一个金属的圆柱体如何在被推动时滚动，也看到夜空中的月亮仿佛改变着形状。这些经历刺激了好奇心，也激发了学习。

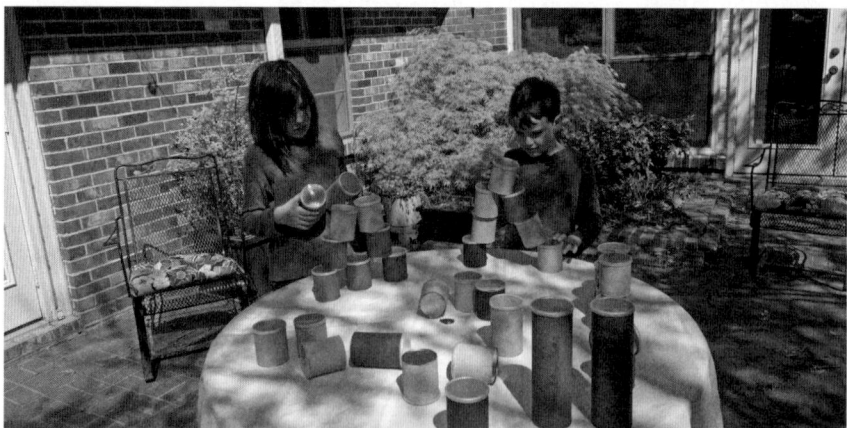

图片1.5
男孩们在平衡零食罐

表格1.4　传媒艺术

创造	表演 展示 制作	反馈	连接
◇让个人或团体有权使用包括交互式技术在内的传媒工具 ◇通过引导和独立探索使用适合各年龄段的传媒工具和方法 ◇分析使用各种媒体进行传媒艺术制作的可能性 ◇考虑不同的方式来制定方案或建立模型以在制作中使用传媒艺术 ◇选择并开发创意，进而从方案或模型中创造制作 ◇运用想象力勾勒和构建传媒艺术形式 ◇开发和实践不同的传媒艺术形式，通过语言和非语言交流来表达想法或概念 ◇运用动态和稳定性来创造幻象	◇练习使用制作过程中涉及的不同传媒工具 ◇展示使用艺术传媒工具的能力 ◇运用传媒实现多种角色 ◇选择一个传媒艺术项目来向他人展示 ◇通过动态、视觉和声音传达各种效果 ◇分享一个结合了图像和声音的学科整合项目，例如在学校周围自然漫步的旁白视频或旁白的故事 ◇让观众在整个制作过程中参与声音和动作 ◇运用艺术中的元素与传媒相结合	◇独立或在合作团体中，参与解决问题以确定分析和评估产品的相关标准 ◇分享对于传媒制作的反应 ◇判断和分析作品中有趣、令人惊喜和启发学习的元素 ◇确定多种方式通过传媒艺术中的其他元素探索创造不同体验的可能性 ◇评估图像、声音和动态对思想交流影响的重要性	◇通过各种工具、方法和材料为传媒艺术作品开发更多创意 ◇讨论使用传媒艺术来丰富学科领域学习的方式 ◇制作多媒体项目，包括多元文化的景象和声音，以在未来的表演和演讲中使用 ◇想象一个100年前没有电子媒体的教室 ◇探索关于教师在科技和传媒艺术出现之前使用的素材信息 ◇将制作与个人经验和过去的知识连接起来

基于美国幼儿教育协会；美国核心艺术标准

　　孩子们热衷于堆叠物品并测试许多方式来用简单的积木和容器搭建结构。随着他们逐渐长大，他们会为想要建造的作品制定方案，并通过反复试验来确定加固作品的方法。在此过程中，他们学习科学与工程的基础原理。

　　阿利斯泰尔和巴纳比正在创造一个土木工程设计，他们通过平衡零食罐来建造一座桥梁或拱门。通过反复试验和解决问题的过程，他们探索了平衡原理和设计。

名叫本的男孩正拿着他根据列奥纳多·达·芬奇（Leonardo da Vinci）的系列设计建造的乐高机器人。他对于工程设计与运动的兴趣已经完全显现（图片1.6）。

艺术贯穿科学与工程，从设计方案和模型、识别模式到开发程序序列。科学和工程可通过跨学科概念来教授，即是将不同的独立概念编织或整合到单个科学领域的过程。每个跨学科概念都有助于拓宽和深化知识。例如，孩子们可以观察雨滴形成的图案，调查雨对地面的影响，并观察速率模式如何随时间推移而变化。其他使用跨学科概念教授幼儿园至十二年级的方式由新一代科学教育标准网页提供。请见表格1.5。

■ 技术

欢迎来到21世纪，在这里非常年幼的孩子们都可以比一些成年人更好地操作手机、智能平板和电脑！将一些玩具扔进玩具箱，您会听见喇叭声、动物的叫声、音乐和从内部深处传来的机械声。这是一个喧闹的时代，玩具可以说话、播放音乐，儿童读物不管是否有隐藏式字幕都可被大声朗读出来。介绍字

图片1.6
男孩拿着用乐高
制作的机器人

表格1.5　科学与工程

物理世界	生命	地球与空间	工程设计	整合领域的跨学科概念
◇探索光与影 ◇观察/聆听声波和光波的效果（雷鸣与闪电） ◇探索质量、密度、重量的性质 ◇调查动态和稳定性 ◇探索以下现象：彩虹、肥皂泡、空气流动、热和摩擦、下沉和漂浮以及磁力 ◇观察气体、液体、固体的物理变化：冻结和融化、蒸发和冷凝 ◇类比和对比非生物和生物的差异 ◇识别不同类型的化学反应以及它们改变物质的方式 ◇探索根据振动频率创建不同音高的方法	◇调查生物之间的异同 ◇描述植物和动物的生命周期 ◇确定植物和动物的基本需要 ◇观察生物对天气的适应性变化 ◇探索植物和动物的相互作用 ◇查询不同类型的动植物生态系统 ◇比较解剖学特点和物理行为特征对动植物生存的影响 ◇收集有关生物如何共同协作以在其环境中生存的资料	◇观察地球的地质特征：海洋、河流、湖泊、大陆、山脉、山谷、平原、岩石、土壤 ◇操纵和使用工具来观察地球上和太空中的物体 ◇描述和展示空间中的自然和人造物体 ◇确定地球在银河系中的位置 ◇识别太阳系的组成部分 ◇用重力做实验 ◇判断重力对潮汐的影响 ◇解释季节变化的原因	**航天** ◇设计、开发、建造和测试航空和航天飞行器：飞机、无人机、火箭、卫星 **化学** ◇改造和创造通用材料，包括可生物降解的产品 **民用** ◇参与解决问题、设计和建设项目：桥梁、水坝、道路 **电气** ◇设计、测量和使用电力所需的二进制编码来增进和延长使用寿命：电视、电脑、电话、灯 **机械** ◇设计移动物体的方式：轮子（一个机械工程奇迹）、齿轮、发条车、弹跳棒	**模式识别** ◇识别视觉和数学模式 **因果关系** ◇进行物体的推拉和碰撞 **规模、比例和数量** ◇注意大小和数量的变化 **系统和系统模型** ◇隔离子系统，创建系统模型，并在科学笔记本中记录图画和文字描述 **能量与物质** ◇识别生物和非生物的循环和运动 **结构与功能** ◇确定物体的形状和属性 **稳定与变化** ◇观察事物保持不变的方式以及它们随时间变化的速率 **物理和化学反应** ◇观察物质的变化

基于美国幼儿教育协会；新一代科学教育标准；新一代科学教育标准与工程设计

母时，孩子们只需要按下字母，比如"A"，他们就会立刻得到一个粗体的、色彩鲜艳的"A"，伴随着语音念出字母的名称和字母所代表的声音。不像一本书的是，这个字母"A"在页面上舞蹈和旋转、变形为大小尺寸，并随着响亮的音乐和一个声音重复它的名称和发音回到原位。

随着世界变得触手可及，科学技术持续为所有年龄段的儿童提供大量新奇和令人兴奋的视觉、听觉和动觉学习机会。通过互联网，幼儿在互动音乐、歌曲、诗歌和动画故事中听见讲述他们语言的声音和单词。孩子们可以进行博物馆和艺术画廊的虚拟访问之旅，并可以通过在线网页创造自己的艺术作品。请见表格1.6。

■ 数学

早期数学技能的发展对未来有关数学的理解至关重要。幼儿从背诵计数开始，并将物体组与数字相对应。这种符号与计数的对应为孩子在日常生活中接触更高级的数字概念打下基础。然而，一些孩子很难从计数和一一对应发展到运用数学语言及相关符号解决数学问题。

3岁的怀亚特在将数字与0—10的方块组相匹配时使用计数、数字识别和一一对应技能。一旦孩子可以熟练地念出数字与计数，您可以改变物体组摆放

图片1.7
男孩将数字与积木数量匹配

表格1.6　技术

接受	表达	互动	最佳实践	数字公民
◇通过电子教育程序看和听字母的声音、数字和计数 ◇通过接触来自各种数字资源的语音和歌曲来学习单词 ◇查看世界景点和事件的静态和动态图片 ◇观看和聆听真实与虚构主题的动画故事、插图和文字描述 ◇批判各种来源的信息准确性 ◇使用数码显微镜研究肉眼看不到的有机体、细胞、组织和非生命物体的细节	◇熟练使用键盘和其他数字工具 ◇通过技术与课堂内外的同龄人交流和协作 ◇解释在视频中看到的事件和现象 ◇创造性地随着在线音乐和歌曲舞动 ◇使用数字资源的音频和视觉效果进行艺术交流 ◇拍摄一场带有声音和视觉效果的戏剧扮演 ◇与人合作打造数字书籍或报告并使用照片和旁白 ◇制作多媒体灯光和声音项目	◇帮助他人使用技术 ◇协作使用技术 ◇与一名伙伴一起进行数位说故事 ◇通过图片和信息参与家庭和学校之间的联系 ◇在线合作、提问并寻求答案 ◇使用多种技术模式录制视听演示、戏剧表演、故事、报告 ◇协作分析互联网资源，以确保其关于特定主题的准确性和相关性	◇将技术视为特定学习目标的工具 ◇了解能够满足特定学习目标的可靠和适当的技术 ◇避免被动使用技术 ◇参与满足特定需求的相等量教育活动 ◇参与数字机会 ◇随时了解技术和内容学习的最新进展 ◇使用不同的程序进行访问和记录信息 ◇使用电子表格程序添加数字作为编码的基础	◇以尊重的礼仪与他人互动 ◇以不伤害他人的方式进行道德行为 ◇举报网络欺凌 ◇使用安全的社交网站 ◇以安全和负责任的方式使用技术 ◇使用技术制作原创作品，不抄袭他人作品 ◇与世界各地的同行交流和协作，以进一步学习和理解 ◇使用自适应技术满足特定需求，打开学习世界的大门

基于美国幼儿教育协会；美国幼儿教育协会联合立场声明；国际教育技术协会

形式，从顺序摆放变为随机序列。

　　数学与艺术分享许多相同的学习机会，包括学习使用二维和三维几何形状、图案、分数和测量。以下是教师可整合艺术来介绍和加强数学理解与学习的方法：

1. 在跳跃计数（0，5，10，15…或其他任意数字组）这一学习加法和乘法的基础技能中加入运动。孩子们可以在写有数字的地砖上迈步、蹦跳

图片1.8
逐渐变窄的公路
透视景象

或向前、向后跳跃，每一步都大声计数。对于年龄较大的孩子可加入小数区间，使用1.5（0，1.5，3.0，4.5，6.0…）或其他任意小数序列。

2. 让孩子们创造密铺图案，并探索多种方式运用几何形状强化结构。孩子们可以观察地砖上的密铺图案和建筑物内部和外部的结构设计。

3. 让孩子们画一条路或铁轨，他们可以学习绘画中的透视。首先，让他们画一个三角形，其顶点在页面的顶部，宽底在页面的底部。然后在三角形的两边之间画水平线。这幅图画将显示逐渐消失的道路或轨道的视觉效果。一项有趣的内容是让孩子们在这条路上画汽车。他们画在靠近页面底部的车应比画在靠近页面顶部的车更长更宽。

4. 告诉孩子们您可以在不触碰圆形的情况下将圆形变成椭圆形！将一个较大的圆形放在地面上展示，并让孩子们说出这个形状的名称。然后让他们从这个圆向后退，识别这个形状，从一定距离来看，它似乎是一个椭圆形。

5. 要学习比例和长度，让孩子们测量他们手臂和手指的长度，并通过改变它们的比例来画一个想象的人或生物。请见表格1.7。

表格1.7　数学

数感与计数，十进制运算	几何与图形	估算与可视化	测量、时间、金钱	符号与运算
◇探索数量：更多或更少、大、小、相等、不等 ◇使用背诵计数数到10并按加一和加十的方式数到100 ◇使用一一对应数10个及以上的物品 ◇将数字与物品的数量相匹配 ◇进行2—10的正数和倒数的跳跃计数 ◇识别奇数和偶数 ◇念出负数 ◇区分序数和基数 ◇使用位值将数字约整数到十分位 ◇了解十进制和二进制间的区别 ◇将分数化为小数 ◇心算解决加减法问题 ◇100以内的乘除法	◇区分二维和三维图形：正方形、圆形、立方体、圆锥体，并念出它们的名称 ◇将四边多边形/四边形分类为：正方形、长方形、菱形、平行四边形、梯形 ◇认识到多边形由线段和不同角度组成 ◇按大小和形状对玩具和其他物品进行分组 ◇寻找自然界中不同的形状、图案和对称性 ◇扩展重复图案 ◇以三角形、正方形和六边形创造密铺，其中没有间隙或**重叠** ◇作直线、曲线、垂直、水平、对角线和平行线 ◇用两种颜色创造二值模式	◇随机给出一组物品，估计其中的个体数量：例如，1汤匙有20个MM豆 ◇根据不同物体的外观，推想它们在重量、体积和容量上的差异 ◇判断估算的合理性 ◇用草图来支持文字题中的语言 ◇使文字题中的行动可视化 ◇使用教具作为"支架"来进行计算 ◇使用视觉支持：图形、数轴、图表来帮助解决问题 ◇心算数字并用估算来判断思考的合理性 ◇基于以往的知识进行估算并确定合理性	◇以非标准和标准单位估算长度 ◇演示测量周长、面积和体积的方法 ◇根据重量、高度和长度对物体进行分类和记录 ◇判断尺寸变化如何影响艺术作品效果 ◇展示测量当前和未来时间的方法，使用时钟、日历、时间线 ◇以秒、分钟、小时、天、周、月、年计算时间 ◇将时间和日历数据应用于实际问题 ◇解释一美分、五美分、十美分、二十五美分硬币和一美元的价值与关系以及组合它们的方法 ◇学习如何使用硬币和纸币找零	◇运用物品来表现运算 ◇了解并能应用数学语言 ◇表现加法(+)是放在一起；减法(−)是拿走 ◇能够使用等式应用加减法基本性质的知识；5+2=7；2+5=7 7−2=5；7−5=2 ◇显示(×)表示乘，(÷)表示除 ◇比较数字：相等、不等、大于/小于(=；<；>) ◇展示加法/减法、乘法/除法之间的倒数关系 ◇运算基本代数方程式，1+x=7 ◇描述位值在读数中的重要性 ◇将分数视为一个整体的一部分 ◇以扩展式写数字，75=71+4

基于美国幼儿教育协会；全美州长协会中心最佳实践，美国首席公立学校官员委员会共同核心州立标准；美国教育科学研究所数学实践指南

■ 语言

语言的6个方面，即阅读与写作、口语与听力、观看与视觉表现，是学习所必不可少的内容。请注意，每个方面包含的两个元素是同时出现的，以描述出它们各自作为接收和表达信息的角色作用。

通过印刷品，阅读与写作为孩子们提供大量的学习机会，学习更多关于著名艺术家生平和作品的内容，并为他们的艺术作品写标签或描述。

听力与口语使孩子们能够通过艺术接收和表达信息。

观看和视觉表现给孩子们提供对每一种艺术中学到的内容进行批判性分析和内涵应用的机会。

因为与您一起工作的孩子有着不同的语言与读写经验，所以我们根据语言的每一领域按照由基础到复杂的顺序，而非按照孩子的年龄阶段，排列了基于标准的建议。请见表格1.8。

■ 社会学科

社会学科的学习始于孩子的个人世界，并随着与家人和其他人与地点的接触不断扩大。当孩子们离开他们的保护茧走向外部世界时，他们开始形成对自己的看法，检验他们的看法，并随着他们了解自己的家庭、邻居、学校、社区、国家和世界，改变并拓宽这些看法。

社会学科的最终目标是公民能力。艺术是帮助孩子们学习必要的知识以成为能力公民的有效方式。他们通过图像、视频和影片观看和了解世界各地人们的历史、文化和生活习惯。通过戏剧片，孩子们可以进入世界不同地方人们的家庭和生活，并了解他们的故事。在音乐中，孩子们可以听到来自世界各地的不同韵律、节奏和风格，它们随时间的推移与每一代人一同变化。艺术支持社会学科的学习，社会学科也支撑艺术中的学习。请见表格1.9。

表格1.8　语言

阅读	写作	听力	口语	观看	表现
◇ 识别印刷的概念：正面、背面、方向 ◇ 展示快速念出字母 ◇ 识别元音和辅音 ◇ 将印刷的字母与单个语音联系起来：韵、头韵、音节、词族 ◇ 识别不可解码的单词 ◇ 在聆听和阅读小说和非小说文本之前、之中和之后使用阅读理解技能 ◇ 通过流利、准确和富有表现力的阅读来展示对书面文本的理解	◇ 遵循以下进度：涂鸦、绘画、基本笔画、字母名称、标签、单词和句子 ◇ 通过绘画、口述和书写来表达知识和想法 ◇ 在学习传统拼写的同时运用发明拼写 ◇ 使用标点符号在写作中阐明和表达含义 ◇ 增进使用键盘的技巧 ◇ 运用写作过程的几个阶段：头脑风暴、计划、草稿、修改、编辑、发布/分享	◇ 区分口语中的音素 ◇ 区分长元音和短元音 ◇ 判断故事的开头、中间和结尾 ◇ 听童谣和其他诗歌 ◇ 聆听信息类和故事书 ◇ 随着歌曲和音乐中的词语和声音律动 ◇ 遵循一项、二项和多项指令 ◇ 经常参与同伴和成人的对话 ◇ 关注他人的想法	◇ 从歌曲中学习单词 ◇ 背诵诗歌 ◇ 复述故事中的事件 ◇ 描述事实和事件 ◇ 与他人分享发言时间；紧扣主题 ◇ 通过阅读和练习为发言做准备 ◇ 使用事实提问/回答问题 ◇ 在解释想法、工作、解决问题时使用学术词汇 ◇ 根据个人经历讲故事	◇ 调查和说出人造和自然物体特征的名称：形状、数字、颜色、大小、纹理、图案 ◇ 运用词汇来描述对生物体和非生物体的观察 ◇ 识别和使用丰富的词汇描述插图中的细节 ◇ 使用显微镜或望远镜观察近处和远处的物体 ◇ 解释如何将生物和非生物的特征融入艺术中	◇ 运用相关的描述性细节 ◇ 效仿或模仿诗歌和故事中的情绪和行为 ◇ 绘画，涂色，解释故事的开头、中间、结尾 ◇ 绘画，涂色，解释角色、背景、问题、情节起伏、解决方案 ◇ 选取真实和虚构文本中的对象，使用黏土和香皂等柔软材料进行塑造 ◇ 用艺术来展示世界各地人们的不同习俗、服饰、语言和音乐 ◇ 使用相关符号创建代码

基于美国幼儿教育协会；美国阅读研究小组报告；全美州长协会中心最佳实践，美国首席公立学校官员委员会；美国教育科学研究所阅读实践指南；与写作实践指南

表格1.9　社会学科

自我感知意识（主题1、2、4）	环境（主题1、3、8、9）	性情（主题3、4、6）	学校（主题1、5、6、9、10）	多元性（主题2、6）
◇在温和、充满爱的无压力环境体验安全感 ◇在不同的环境中体验归属感 ◇识别人与人之间的相似和差异 ◇识别和描述个人随时间的变化 ◇尊重年长家庭成员的兴趣和成就 ◇建立基于经验的信念体系 ◇调查不同传统风俗和节日庆祝活动之间差异的文化基础 ◇明白想要和需要之间的区别	◇在安全的空间探索室内/室外环境 ◇接触有关家庭、世界和文化的故事、诗歌和歌曲 ◇扩展对家庭、城镇、州、国家的直接和遥远环境的认识和知识 ◇查看世界地理环境以学习除本国以外国家的位置 ◇调查个体机构影响生活的方式 ◇考虑技术如何影响世界各地人们的生活	◇发展与同龄人和成年人的正向关系 ◇考虑他人的感受 ◇判断引起争议的问题 ◇与他人一起尝试替代解决方案 ◇从他人那里寻求灵感 ◇根据直接的个人经验发展抽象思维 ◇培养对课堂和帮助他人的责任感 ◇学习通过公平感和秩序来解决冲突 ◇培养学习的兴趣和好奇心	◇认识并非所有孩子的长相、行为或说话方式都相似，但它们都是课堂的重要组成部分 ◇参与有关家庭、世界和文化的故事、诗歌和歌曲 ◇遵循规则并在课堂群体中发挥重要作用 ◇认知权利和责任 ◇了解并维护个人权利 ◇了解政府的基本框架 ◇学习世界各地的时事 ◇调查帮助世界各地人们的方法	◇尊重孩子之间的异同：身体、文化思想/观念和语言能力 ◇明白他人的感受和能力与自己不同 ◇增进关于过去的知识及其如何影响当前思维和行动 ◇将不同来源的历史事件早期学习应用于当下事件顺序 ◇比较和对比不同权力组织下不同类型政府带来的个人经历、权利和责任

基于美国幼儿教育协会；美国社会研究协议会

结论

　　多年来，神经科学家的研究表明，孩子从出生之时就开始学习。学习最快速的时期发生在生命早期阶段，孩子的大脑天生就会学习。沟通从婴儿时期起就作为一种生存技能，并持续发展以满足他们日益增长的需求。有位母亲亲切地称她的孩子为"需求袋子"。

　　这种世界普遍的沟通欲望在艺术中得以实现。孩子们通过描图、绘画和雕塑生活中感兴趣的事物形象来沟通。此外，他们可以在音乐、舞蹈、戏剧和传媒中表达自己。

　　学术学习不应缺乏这些宝贵的交流方式；相反地，应该涵盖并促进这些方式。

　　将艺术纳入STEAM教育（科学、技术、工程、艺术和数学），使艺术在各年龄段的日常课程中提升到了颇受重视的位置。孩子们从出生就开始熟悉艺术，并随着成长、进步，他们在早期接触的基础上构建发展。通过视觉艺术，他们学习颜色、线条、形状和质地。通过音乐，他们学习高/低音调、响亮/柔和、快/慢之间的区别。孩子们还可以学习音符的名称和乐谱。通过舞蹈和动作，他们学习以创造性和编排的方式随着音乐律动。他们根据音乐的节奏、韵律、情绪和节拍来跑、走、跳……通过戏剧，幼儿可以模仿情绪以及人类和动物的行动和行为方式。他们可以演出虚构故事、诗歌以及非虚构事件。通过传媒艺术，孩子们可以使用包括智能平板、电脑、手电筒和动画翻翻书在内的一系列技术和材料来探索动态的创造。

　　直接式教学和间接式教学是运用STEAM教育中的"A"，通过艺术扩展学习的两种不同方法。

　　直接式教学课程是有计划的学习体验，由基础的学习发展到更复杂的学习。通过这种方法，孩子们能与之前的内容和经历建立新的连接。有计划的学习序列避免了已学技能的杂糅和互不相关的概念。对于年幼的孩子，直接式教学必须简短，纳入频繁的指导和反馈，并积极地让孩子参与。

　　间接式学习体验更不具结构性，通常发生于探索和试错过程中可教导的时刻，以及孩子们寻求发现和提问等意想不到的兴奋时刻。间接式教学机会捕捉孩子的兴趣最高点，并帮助他们在原本的课程目标之上拓展学习。

　　"矮胖子蛋先生课程"代表着当教育者在某一问题上支持一方时

的情况，例如直接式教学或间接式教学。当日常课程被两种教学方法相拉扯时，它就像是一颗破碎的鸡蛋。让我们一起将碎片复原，改写"矮胖子蛋先生"的结局吧。

从本章内容到教育您的孩子

1. 这么少的时间，这么多的内容要让孩子们学习！有时间这个限制因素，发展一套逻辑论证来教授艺术中的元素并将它们整合到STEAM教育活动和课程中。可采用本章中的事实依据支持您的论点。

2. 分别阅读五种艺术的表格：视觉艺术、音乐、舞蹈、戏剧和剧场、动作和舞蹈、传媒艺术。根据您孩子的年龄和需求，选择一种或多种艺术并制定用于教授艺术内容的计划。

3. 对于比较害羞或迟钝以及难以通过谈话或写作进行交流的孩子，为他们创造多种不同方式通过艺术沟通他们的想法、灵感和知识。

4. 选择STEAM教育、语言或社会学科中的至少两个主题，提出您将使用直接式教学和间接式教学通过艺术促进学习的方法。

5. 孩子的背景知识（内容整合表格）是您的朋友！它像一块磁铁，吸引对新学习的兴趣和注意力。创造多种方式来帮助孩子们使用背景知识，并在此之上构建学习。

第 2 章

通过艺术实现身体、心理、社交能力和情感的成长

　　不论成长在何种文化背景中，我们身体、心理、社交能力和情感发展及性格形成从出生时就开始了，并彼此相互影响。随着孩子的成长和发展，他们通过对人、自然和人造物体以及他们世界中事件的感知获得洞察力和智慧。仅在几个月大时，婴儿就开始发展自我意识。当一位母亲在镜子前抱着她年幼的婴儿，指着婴儿并叫他的名字时，他开始哭了。他并没有认出镜中的孩子是自己，并且不喜欢他的妈妈抱着另一个孩子！她将这种负面反应归因于嫉妒。大约四个月之后，这位母亲再次在镜子前抱着婴儿，指着这个孩子并叫他的名字。这一次他认出了镜中的孩子就是自己，并感到开心。

　　STEAM教育中的艺术对于由婴儿时期开始发展并持续一生的身体、心理、社交能力和情感成长中的所有领域都很重要。这些领域的来源列于表格2.1和表格2.2的顶部。

表格2.1 身体和心理成长

手眼协调	大肌肉和精细肌肉发展	面部和咽喉肌肉发展	心理成长	环境
◇参与涉及视觉和身体协调的运动，例如伸手去抓附近的物体 ◇将手移到嘴上，吸吮手和物体 ◇摇晃和敲击物体 ◇将物品从一只手转移到另一只手 ◇通过翻身、向前拖动、爬行、辅助行走、独立行走、奔跑、跳跃、蹦和蹦跳来发展平衡、力量和协调性 ◇将运动、平衡、力量和协调性与体育项目、舞蹈、音乐、戏剧和其他活动相结合 ◇通过认识和遵循标准符号来学习演奏乐器	◇反射性地活动手臂、腿和上半身 ◇有意识地测试使用物体的运动和动作 ◇通过体育活动锻炼肌肉：游戏、跑步、投掷和攀爬 ◇精细/精确动作 ◇拥有手指、手和手腕的灵巧性和敏捷性 ◇握住物体和工具以进行更精确的工作 ◇用面部肌肉来表达情绪 ◇拥有在投掷、踢球、接球或用球击中目标的精确度 ◇通过艺术发展上/下半身活动能力 ◇通过演奏乐器获得协调性和力量	◇以哭诉沟通需求 ◇吸食获取营养 ◇用婴儿水杯啜饮液体 ◇吞咽前咀嚼柔软的食物 ◇吞食物不哽咽 ◇使用声带肌肉以不同的音调和音高哭泣、喋喋不休、唱歌和说话 ◇阅读面部表情如何在有或没有言语的情况下传达意义 ◇使用有意的面部表情来传达情感含义 ◇通过非语言的戏剧化动作和表达有意识地传达消极和积极的情绪 ◇解释工作和娱乐中所产生情绪的原因，以学习如何控制情绪	◇认出熟悉的人 ◇沟通自己的需求而不担心别人怎么想 ◇根据可视信息做出选择 ◇注意动作对物体和与人交互的因果关系 ◇将思维和逻辑与具体的对象和事件联系起来 ◇使用相关的文字和图片来支持思考 ◇明白真实和想象之间的区别 ◇寻求解决问题的新方法并进行改进 ◇看、听、运动、舞蹈、演唱和表演出学科领域学习以提高记忆力 ◇使用抽象思维来计划和创建艺术项目	◇参与对环境中自然和人造物体的非正式和有带领形式的探索 ◇培养环境中特征和对象相对于自身位置的空间意识 ◇培养对自己与物体和他人之间距离的身体意识 ◇参与自由和有带领的游戏，得到与协调和平衡相关更具挑战性的室内和室外体验 ◇在大型安全的游乐区培养耐力、肌肉力量和灵活性 ◇遵守初级和高级的室内与室外体育活动安全规则，其中的活动包括音乐椅、游乐设备、球类、赛跑、捉迷藏和捉人游戏

基于美国幼儿教育协会；全美州长协会中心最佳实践，美国首席公立学校官员委员会共同核心州立标准；美国核心艺术标准

表格2.2 社交能力和情感成长

自律	自我表达	解决问题	探究	社交互动
◇ 控制身理冲动	◇ 使用非语言的替代交流方式	◇ 使用批判性思维来识别问题	◇ 在感官和运动学习过程中表现出好奇心	◇ 在靠近其他孩子的地方工作
◇ 以不伤害自己或他人的方式表达负面情绪	◇ 通过艺术交流	◇ 开发和测试新想法	◇ 参与探索和实验	◇ 与其他孩子分享材料和想法
◇ 轮流分享材料资源	◇ 使用语言来说出和表达自己的感受以及对他人的感受	◇ 即兴发挥来测试效果	◇ 探索各种物体和材料的特性	◇ 与成年人和同龄人建立关系
◇ 在失意时坚持	◇ 在小组和大型团队中工作时都积极表达感受	◇ 描述问题并尝试替代解决方案	◇ 研究各种物体和材料特性的差异	◇ 对其他孩子的观点表现出兴趣
◇ 表现主动性，自足、独立	◇ 与同龄人分享想法并一起合作	◇ 当他人挣扎时与其共情	◇ 选择和试验各种材料	◇ 聆听时使用适当的肢体语言
◇ 接受挑战并坚持不懈	◇ 探索创新方式来充实项目	◇ 使用独立和协作思考解决问题	◇ 将新的学习和见解与以前的学习联系起来	◇ 尊重并珍视差异：他人的外貌、家庭背景、文化和语言
◇ 反思问题和解决方案	◇ 展示原创思维	◇ 遇到问题持之以恒	◇ 作为自信的学习者，参与"假设"的创造性思维和跳出框框进行思考	◇ 通过非侵略性无害的方式解决冲突
◇ 通过深思熟虑的参与来集中注意力	◇ 将情感、想象力和知识融入一种或多种艺术	◇ 从过往的经验和先前知识中学习	◇ 反思和庆祝创造性思维的成果	◇ 郑重地对待他人的观点，并接受部分或所有切合主题且值得探索的观点
◇ 培养自己获取的信心		◇ 将问题分解成小方面以独立关注		

基于美国幼儿教育协会；美国核心艺术标准；全美州长协会中心最佳实践，美国首席公立学校官员委员会共同核心州立标准

身体与心理成长：婴儿和学步儿童

在第三孕期，胎儿会感觉到震动和疼痛并会听到声音。当孩子初次离开相对平静的子宫并进入一个"蓬勃繁盛、嗡嗡作响的混乱"世界时，他们无法辨别环境中的感觉差异。起初新生婴儿的行为受本能反应的支配，这点由他们对突然的巨响、冰凉的婴儿湿巾和疼痛做出快速、抽动的全身反应证明。在婴儿期早期，随着孩子对周围环境的熟悉和对不同视觉、声音和触觉特征的区分，他们超越了反射动作。婴儿需要舒适、安全、一种舒缓的声音以及通过触摸刺

激。婴儿最初的一些感觉体验通过触摸和轻抚完成。最佳的触摸是中等触感，不是太重也不是太轻，是恰到好处的"熊宝宝"触摸。非侵入性研究表明，肌肤接触的感觉能够让婴儿平静并促进长时间注视。"熊宝宝"触摸是为迈向社会化和之后建立对他人同理心的重要第一步。

■ 俯卧时间

自从美国儿科学会（American Academy of Pediatrics，AAP，2011）建议让婴儿仰卧入睡以来，婴儿猝死综合症（Sudden Infant Death Syndrome，SIDS）案例出现惊人的减少。现在，家长和看护者被告知让婴儿仰卧睡觉，醒时俯卧。

俯卧时间为婴儿提供了锻炼肌肉力量和控制力的机会。起初，他们可能会哭着努力翻身。随着他们加强脖颈、背部、手臂和腿部的肌肉，他们可以抬着头，移动并抓握玩具。婴儿出生后请在监护下开始短时间的俯卧。随着婴儿成长逐渐增加时长。大约3个月时，多段时间应累计至1小时。重要的是，俯卧时间必须始终有成人在场。

当婴儿的力量增强时，他们会伸手去拿附近的和够不着的东西。

成人可以帮助较大的婴儿开始发展解决问题和自我决定。成人应该等待较大的婴儿的首先尝试够取玩具，在他们变得沮丧或开始哭泣时进行调解。换句话说，请给他们时间自己找出解决方法。婴儿时的努力对以后在空间学习和因果关系方面的心智发展起到重要作用。当婴儿伸手触摸、推动和抓取物体时，他们开始表现出为了解决问题和坚持不懈的必要心理倾向。

■ 婴儿和学步儿童与艺术

参与艺术所必需的身体和心理发展始于婴儿早期，当婴儿开始看见色彩和形状、听到歌曲和音乐、注意到面部表情时。令人惊讶的是，几乎从出生起，婴儿就可以模仿成人的面部动作，特别是伸出舌头和噘起嘴唇。随着婴儿长大，他们喜欢通过躲猫猫等简单的游戏来模仿动作。这些早期的模仿形式会发展成自由和戏剧化的游戏。

一旦婴儿可以站立并扶住一件家具，他们就随着音乐律动。这是他们迈向舞蹈的第一步。抓拨浪鼓的婴儿和操作艺术工具的学步儿童获得并增强了肌肉控制和手眼协调能力，这是迈向从事视觉艺术工作的第一步。

身体和心理成长在生命的最初五年发展最快。在婴儿—学步儿童—幼儿这五年所学习的内容比他们生命中其他任何一个五年期都多。看护者、家长和老师们请重视这点！

作为一个学步儿童，博正处于描图和绘画的第一阶段，即是使用圆形笔触和混合色彩。随着孩子们成长和发展，他们有能力使用更有控制的直线和曲线来表达他们的想法。

身体与心理成长：2—8岁儿童

孩子们通过全部五种艺术形式不断完善和锻炼他们的大小肌肉、敏捷性、灵巧性和手眼协调能力。视觉艺术为孩子们的身体和心理成长提供大量机会，他们可以涂鸦、描图、绘画、撕开、剪裁、揉纸、雕塑、粘合以及构建自然和

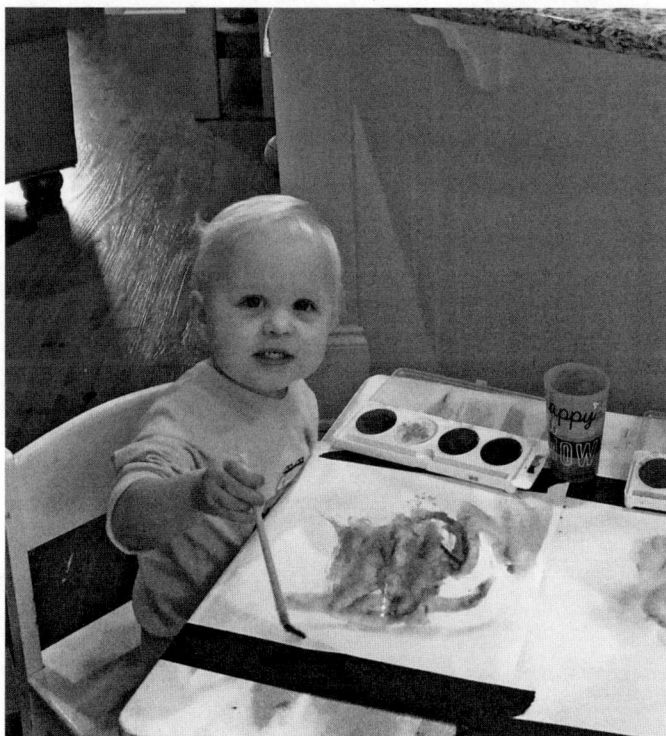

图片 2.1
学步男孩在绘画

人造物体的表现形式。到2岁时，孩子们可以在教师的帮助下完成简单的手工艺品。

　　展示如何握住和使用艺术工具，并让孩子们以自己的节奏探索使用它们。为4岁及以上儿童制作的剪刀可能使用起来有些困难。想象一个孩子一边学习手握剪刀的角度，一边施加适当的力量绷紧他们想要剪裁的纸张。请注意这个孩子尝试使用剪刀的方式。通过指导和试错，他会成功的。

　　孩子们有很多机会使用和提高他们的手眼协调能力来打开玩具、书籍、平板电脑和其他科技形式的开关，从而参与传媒艺术。我们已经见到许多年幼的学步儿童被科技产生的声音和画面吸引，他们喜爱自己拥有的打开和关闭科技产品的能力。

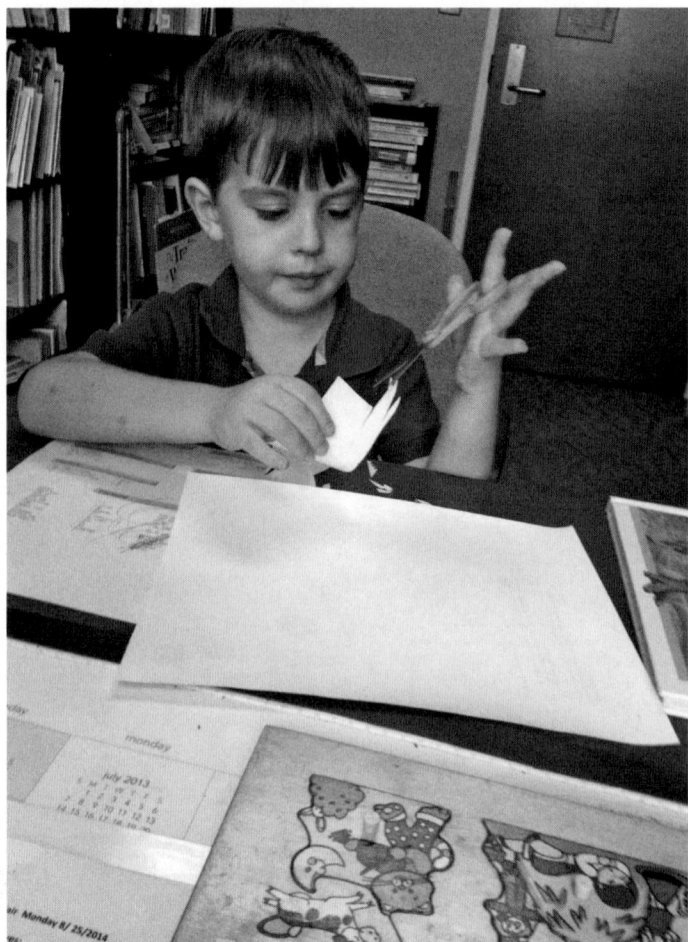

图片2.2
男孩正在学习
使用剪刀

■ 皮亚杰心理发展阶段

皮亚杰分解了儿童看待和预判他们的各种行为对物体影响方式的心理阶段。随着他们成长，他们的早期感知发展到抽象思维和学习。通过参与艺术，婴儿和儿童的心理成长过渡阶段得到了帮助并得以展现。我们纳入了皮亚杰的心理发展第四阶段，这样读者们可以看到孩子们正逐步迈向的心理阶段。

感知运动

出生时，婴儿最初的动作例如吸吮和踢腿都是反射性，没有经过思考的。

当婴儿成长为学步儿童时，他们会逐渐形成有意识的动作并出现想法。最早期的感知运动体验是孤立事件，不与过去或未来的体验相关联。这是朝向思维和语言成长的第一步。

前运思阶段

在2—7岁时，儿童与具体物体的接触和个人经历的记忆有助于加深他们的知识并增进语言能力。孩子开始识别和说出物体特征，包括大小、形状和种类（汽车和卡车）。在具体对象的支持下，他们通过将物体进行分组和再分组至更精细的类别，推进更复杂的思考和行动。

在这一阶段，幼儿很难理解当一块物体被做成不同的形状时，它的总量是不变的。当展示两块完全相同的胶泥时，幼儿认为一块被捏成球状和一块被揉成蛇形的胶泥量是不同的。被问到哪块有更多的胶泥，他们通常会选择蛇，因为它更长。当处于前运思阶段中年龄较大的孩子被问到相同的问题时，他们会表现出惊讶，因为对他们来说答案是显而易见的。对物质守恒的理解构成了儿童使用和应用数字，以及学习一一对应、多与少、相等、大小、重量、体积和空间等概念的基础。

随着孩子成长，他们会变得更有好奇心，喜欢想象，并将人类的感受归属于无生命体和动物。艺术提供许多机会让孩子们接触与STEAM教育内容、语言和社会学科相关的词汇。孩子们开始在社交场合使用更多词汇来传达意义。

具体运思阶段

在7—12岁时，孩子们将从一个事件中学到的内容转移到另一个事件来解决问题和构建知识。他们运用由事物和经验支撑的推理和逻辑来计划多种方式表达想法。孩子们更加熟练社交语言，以使他们能够表达和测试他们的想法。

形式运思阶段

从12岁至成年，年龄较大的学习者已掌握了收集和运用事实来推理、逻辑思维和解决问题所必需的知识和心理训练，而无需具体的对象和直接经验。他们的思维是建立在前三个心理成长阶段的积累之上的。

重要的性情特点

■ 解决问题和自我决定

当孩子们身体上和心理上从头至尾地解决一项问题，并在必要时想出解决问题的替代方案时，就会获得自信。孩子们学习不要放弃。他们可以一起解决问题，促进语言成长和共享思维。

孩子们需要时间来解决问题。例如，如果他们拿到一个装满各种尺寸的盒子、硬纸管、盖子和线轴的废料箱，并被要求建造一个建筑物，他们将必须解决与功能、设计、平衡和构造相关的问题。

孩子们尝试通过一种艺术形式重塑他们世界中的一部分，而无法做到令自己满意时，会出现另一种类型的解决问题。对于一些孩子来说，成人的一些评价或建议可能已经足够让他们踏上解决他们所面临问题的愉快之路。然而，另一些孩子可能需要更具体的指导、鼓励，以及再尝试一次的机会。

对年幼的孩子们来说，一个普遍的问题是他们无法协调地使用艺术材料。对这些孩子来说，解决问题使他们必须在锻炼需要精细、细小动作技能的能力过程中反复试错。

以孩子的眼睛观看

这个故事是一位作者在幼儿园教室里目睹的，当时教师正在确保所有孩子在课间休息前完成重复样式的作业。不凑巧的是，这个需要心智敏锐度和细小动作技能的简单计划给这个孩子带来了大难题。

一名小女孩，奥莉维亚，正在给重复样式的练习题涂色。她明白她必须完成她的作业才能课间休息，所以她尝试快速完成她的工作。可惜的是，她错误地给样式涂上了颜色，不得不待在教室里修改。当其他孩子都出去的时候，奥莉维亚紧张地完成她的作业，她的问题变得更糟了。她尝试通过刮掉蜡笔痕迹来修改她的样式，但这不起作用，她又尝试用橡皮擦掉。她的纸被弄花，并且使用橡皮擦后留下了洞。最后，她尝试用别的颜色覆盖，这导致了更大的混乱。她的脸颊被泪水浸湿，肩膀耷拉着，她解决问题的努力是一次失败。最后，奥莉维亚走出了教室，并被告知下次要做得更好。

■ 自律

轮流和分享是两种很难教导给幼儿的自律行为。直到大约7岁，儿童都处于以自我为中心的生命阶段，世界都围着他们转。当婴儿和学步儿童哭泣时，他们会得到牛奶。当他们指着一个玩具时，成人就会给他们玩具。在托儿机构和幼儿园至一年级，孩子们与其他想要同样事物的孩子处于竞争状态。成人试图改变儿童以自我为中心的本性是很艰难的。

通过参与自由和有组织的艺术活动，孩子们有许多机会来约束他们的行为。自律行为必须由成年人明确并指导。以下自律目标来自美国幼儿教育协会和美国核心艺术标准：

1. 在失意时坚持。
2. 使用手势和语言来沟通感受和需求。
3. 轮流和分享。
4. 控制身体冲动。
5. 以不伤害他人或自己的方式表达负面情绪。
6. 运用解决问题的技巧。

以孩子的眼睛观看

这个例子来自一名小男孩，他清楚地理解了分享的含义，并看穿了他母亲圆滑的劝说。

四岁的哈罗德的妈妈告诉他要与兄弟分享玩具车。哈罗德回复道："不，我不想分享我的车。分享就意味着我必须把它送人。"

■ 探究

作为成年人，我们可以回想起许多时候我们想着："如果我再听到来自孩子的一声'为什么？'或者'那是什么？'，我就会尖叫！"只要孩子们一开始说话，他们就会问"为什么"或者"那是什么"，那是他们试图了解他们周围的事物。请深吸一口气，然后将这些问题视作帮助孩子理解世界的机会。

这是充满好奇和探索的年纪，孩子们对生命体和非生命体充满好奇。当昆虫在房间里飞来飞去或树叶从窗外飘过时，试着让孩子保持关注！然而，孩子们对于世界的沉思打开了探究的大门。成年人有绝佳的机会来补充他们基于探究的观察。例如，当一名孩子看见一只松鼠时，你可以问引导性问题，例如："你觉得松鼠从哪里获得食物？""你认为他们是食草动物还是食肉动物？"

关于孩子们所见事物的问题和简短的对话会增加他们的知识基础，这还可以通过进一步探询和学习进行扩展。通过对话和分享问题，成年人可以一边表达兴奋，一边引导孩子通过艺术捕捉真实世界中的发现。

以孩子的眼睛观看

这个故事是由7岁孩子马肖恩的祖母告诉我们的，马肖恩很好奇并想了解生活在祖父母家后面的森林里不同种类的动物。

仅在一次穿过森林的散步中，马肖恩就看见了两种不同的蛇、松鼠、鸟类以及十分难得的，一组四只负鼠宝宝！第二天他一早醒来要再次去寻找这些动物。他的祖母见他站在土堆上一动不动地观察着森林，却没有一只动物出现。几分钟后他开始朝森林里扔土块。当被问到他为什么要扔泥土时，马肖恩说道："我想叫醒大自然。"

触手可及的身体和心理成长目标

表格2.1分解了孩子的身体和心理成长，从婴儿期直到8岁，顺序排列。

社交能力和情感成长

成年人在孩子参与艺术时有大量的机会对孩子的作品作出反应。他们有许多机会塑造正向的谈话礼仪以维护或增进孩子的感受。做榜样最重要的特点之一是做一个好的倾听者。当周围有许多其他孩子，大家都有问题或故事要讲，这时要当一个好的倾听者，进行充分的眼神接触、全神贯注于一位正在说话的孩子是极为困难的。然而，如果没有眼神交流和集中的注意力，孩子就无法充分接收说话人语言的强度和意图，并且可能会对语言含义进行负面解读。这种非有意的交流可能会给孩子留下不可磨灭的印象。请回想一下您在儿时听到的，至今仍难以忘记的一句评语。我们永远不会知道，当我们做出评论时，无论好的或坏的，会如何持续跟随着一名孩子。

■ 以孩子的眼睛观看

下面这个例子把口头和非口头交流的强大影响描述得十分透彻。一位忙碌的教师在教学日的开始，全然不知一个比她的言语更强烈的信息已传达给她的学生。巴勃罗，一位8岁的孩子，一到学校就自豪地给他的老师展示了一件他的艺术品。当巴勃罗回到家时，他的妈妈问他老师喜不喜欢他的作品，他说："我的老师不喜欢。"他的妈妈惊讶地问："为什么？"巴勃罗回复道："唔，她说她喜欢，但是她说话时没有看我。"

有多少次您曾经想过或听人说过："我就是拿这个孩子毫无办法，他/她天生就是这样！"好吧，这说对了一部分。遗传确实在孩子的性情中起着重要作用，当然，我们无法控制遗传。然而，您确实可以控制为您照看的孩子所创造的环境。因此，请关注您可以做些什么来帮助孩子发展正向的自尊心和自我价值感。从这个角度来看，很显然，您是帮助幼儿发展积极的自我观和克服消极情绪的残留影响的关键因素。孩子如何看待自己会影响他们的自信心、情绪状态、社交技能以及对待工作和娱乐的方式。

■ 以孩子的眼睛观看

流行的儿童游戏"西蒙说"（Simon Says）旨在帮助孩子们学习倾听和遵循指示的同时增加乐趣与运动，但对一个小女孩产生了糟糕的影响。

六岁的博尼塔从学校回到家，涨红了脸，生气流泪。在她泪流满面时，她艰难地告诉了妈妈在学校发生的事。对妈妈来说，要把抽泣中断断续续的信息拼凑起来很困难："老师为什么那样做？""这不公平！""我不得不一个人坐着！""这是个愚蠢的游戏！"终于，妈妈明白了博尼塔参与了"西蒙说"游戏，并且是游戏中第一个出局的孩子。博尼塔由于被单独挑出来作为淘汰者而感到窘迫，并不得不在其他孩子们玩游戏时孤单坐在一旁。

早期的社交能力和情感成长为以后的正向性情发展提供了框架。艺术带给了孩子们进行自律、自我表达、解决问题、探究和社交互动的机会。这些性情同样适用于在所有学术科目的成功。对于分享、友善、倾听、说"请"和"谢谢"的期望是孩子们学习的一些重要的文化适应。

在年幼时，孩子们就开始注意到自己与他人的不同之处。他们开始明白孩子们都来自不同的家庭环境和文化，遵循着各自家庭和社区的规则和惯例。这些早期的观察和经验将在参与艺术时反映出来。

学步儿童和非常年幼的孩子们典型地以自我为中心，专注于他们想做什么以及何时想做这些事。他们更喜欢独自玩耍或者与一名熟悉的成年人一起。在群体环境中，他们观察其他人但不加入。当别的孩子在他们的空间中玩耍或者拥有他们想要的玩具时，鼓励孩子适应新情况是尤其重要的。随着孩子长大，他们学会缓和这些早期以自我为中心的情绪并考虑他人的感受。通过正向的范例、指导和实践，孩子们学习同理心。

在3岁左右，孩子们开始交朋友，想要被人喜爱，以及在他们的玩耍和工作中获胜。随着他们成长，这些感受会越来越强烈。孩子们实现这些目标的成功度取决于他们应对社交和情感状况的能力。孩子们的自信心、同理心和做出适当决定的能力有不同程度的差异。成年人在帮助全年龄段的孩子们培养自信心和社交技能上扮演着主要角色。

在孩子们玩游戏时，他们有着大量的机会学习关于轮流、成为一个好的朋友、分享、耐心、赢与输的性情。这些性情会在他们开始与其他孩子玩游戏和进行团队运动时很好地辅助他们。

成年人与孩子们交谈的方式对他们的社交互动和关于自己的感受有着巨大的影响。以"我"开头的陈述和遵循沟通原则是与孩子们以非威胁方式交流的积极有用的方法。

"我"的陈述和沟通准则是优质的资源，建立与孩子们平等、尊重的沟通方式。"我"的陈述和沟通准则的主要目的是表达孩子的行为如何影响了您的感受。当您解释您的感受时，孩子开始理解他们的行为和言语带来的后果。听孩子讲话时，要投入自己全部的注意力并不要打断他们。沟通的关键点是孩子的行为，而不是孩子。

以行为为关键点："当你在课堂上讲话时，你就不会学到怎样完成项目。"
以孩子为关键点："别说话！我真是拿你没办法！"

请告诉孩子这种行为如何影响到您，以及孩子下次应该怎么做。沟通不应该让孩子感到羞愧；相反地，我们应该通过沟通帮助孩子培养恰当的行为。

■ 自我表达

艺术提供在支持的环境中进行自我表达和沟通的机会。对于还没有发展语言、正在学习第二语言或不愿说话的孩子，艺术是可以选择的非威胁性沟通方式。孩子们的作品可以独立存在，作为表达他们的思想和灵感的方式，或者它可以成为视觉道具来支持思考和说话。当孩子通过艺术进行自我表达，并在创造和分享项目时结合词汇，语言学习就会发生。

当孩子展示的艺术作品只有他们能认出时，会将成年人置于困难的处境。若猜错，会导致失望、沮丧甚至愤怒。虽然并非万无一失，一些常见的说法是："请介绍你的图画。"如果成年人对画作中的内容有所了解，那么可以说："噢，你的图画是关于……"此时的目标是让孩子们讲述他们的作品并参与对话。

触手可及的社交能力和情感成长目标

表格2.2按顺序分解了儿童从婴儿期到8岁的社交和情感性情。重要的性情被划分为几个类别，当组合在一起时，可以打造或打断孩子的感受、成就或突破孩子的成果。

结论

家庭和教室的环境在儿童的社交互动成长和情绪幸福感方面起着至关重要的作用。当孩子们与一个成年人有着正向的互动时，他们学习得最好。按照皮亚杰心理发展阶段，成年人可以让0—8岁的孩子，在他们的发展阶段通过艺术去观看、探索、表达和交流他们的想法。

您可以帮助孩子变得自立，通过给孩子们提供一个环境，让他们能够轻松地获取无害的材料和安全的大型空间去工作和玩耍。将大平面用来绘画和描图，在孩子们使用双手、弯曲手腕和活动手臂时可以帮助大块肌肉的发育。易于手拿使用的艺术工具例如画笔、蜡笔、记号笔、剪刀和橡皮泥帮助手部小肌肉的发展。孩子们有机会唱歌、律动、舞蹈和戏剧化表演他们世界中的事件也有助于大肌肉群和小肌肉群的发展。

艺术为孩子们提供了极佳的方式来培养学习所必备的社交情感性情。尽管性情很难衡量和改变，但将其纳入每项活动或课程计划中十分重要。除了内容学习，社交情感性情可以加强或阻碍人际关系和自我价值感。同龄人和成年人对孩子工作成果的接受方式对孩子的性情有极大的影响。

孩子们受益于愉快而井然有序的环境，这是他们的特别场所，在这里他们学习、交朋友并建立归属感。"以孩子的眼睛观看"中的真实生活场景，展示了您对孩子身体、心理、情感和社交能力成长的强大影响。

艾略特·艾斯纳（Elliot Eisner）的引述阐明了艺术在STEAM教育中的重要性：

艺术是基础的资源，通过它我们观察世界、创造意义、发展思想。

从本章内容到教育您的孩子

1. 当孩子们参与艺术活动时，请注意他们展示的正向和负向性情。记录那些触发正向和负向态度和行为的事件。

2. 请阅读表格2.1和表格2.2以参考身体、心理、社交能力和情感成长和性情。选择那些与您孩子的行为和年龄等级相匹配的条目。描述孩子展现出的长处和短处。

3. 请阅读"以孩子的眼睛观看"中关于奥莉维亚的故事，将奥莉维亚的情感经历与表格2.2中的具体发展列表相匹配。确定您认为负面经历如何影响了奥莉维亚的自尊、兴趣和学习。认识这名教师尝试让奥莉维亚完成工作产生的结果，如果是您会怎么做？与曾经发生在您身上的相似经历联系起来。

4. 请选择皮亚杰心智发展阶段的前三个阶段之一，并确定您可以运用艺术助力所选成长阶段的方式。

5. 请阅读结论末尾艾略特·艾斯纳的引述，说明他如何看待艺术对孩子们生活的重要性。将艾斯纳的信息与您的艺术观相连接。

第 **3** 章

适用于0—3岁幼儿的前期艺术体验

"从容的，随意的。"这两个简单的词语与雷焦·埃米利亚的早期儿童教育方法相关（Moore，2003），是一个针对0—48个月孩子的前期艺术章节的灵感来源。前期艺术包括年幼的孩子所必须掌握的**词汇、技能、身体成长和心理性情**，目的是为了之后学习和享受不同艺术种类：视觉、音乐、舞蹈、剧场、戏剧和传媒。第3章是一座桥梁，连接前期艺术体验与第4—8章中的艺术活动。

第3章的第一部分关注词汇以及其对学习的强大影响。您将找到大量的互动创意，通过说话、朗读、童谣和歌曲的语言刺激，让0—48个月孩子接触各种各样的词语。建议皆建立在关于词汇发展和书籍接触的里程碑式研究成果之上。这些建议对语言和读写能力的发展至关重要，同时帮助STEAM教育学科领域中的学习积累学术词汇。

这一章的第二部分关注于帮助年幼孩子身体、心理、艺术、社交能力和情感成长。通过本章节中的活动，孩子们开始积累知识、建立人际关系、发展精细和一般动作技能以及手眼协调。除了前期艺术活动，包括视觉、音乐、舞蹈、剧场/戏剧和传媒艺术，您还会找到关于自由玩乐和跨文化游戏与音乐的具体建议和活动。此信息基于美国幼儿教育协会；美国核心知识基金会的学前序列；美国核心艺术标准，以及所有关于婴儿/学步儿童评价体系—修订版的内容。

从出生开始发展的艺术语言

专业的艺术词汇为有意义的沟通提供了必要的通用语言。参与每一种艺术都需要孩子理解和使用艺术语言。要开始培养婴儿词汇量的最佳方式是从他们出生时起就跟他们说话。教师们、家长们和看护者们可以复制以下例子：

这一天孩子从医院回到家，这位爸爸怀抱着他的男婴，从一个房间走到另一个房间，告诉他在他的新家和生活中一切美丽和有趣的事情。父亲向他展示了家庭的照片、墙壁上的装饰画、每一件家具和从窗户看出去的树木花朵。这名婴儿，处于充满爱意的安全环境中，一边听着他爸爸轻柔的声音，一边接触关于图像和颜色的词语。

让非常年幼的孩子们接触户外世界的一种方式是让他们离开婴儿床、家和教室，坐上儿童推车，让他们在学校或邻里周围兜兜风。来到户外世界，带给他们多种感官体验，他们看见绿叶植物、白云、鸟儿和花朵。他们可以听到鸟鸣和昆虫嗡嗡声。他们可以闻到青草、新鲜土壤和鲜花的味道。他们可以触摸植物的不同部分、树木粗糙的树皮，感受风吹脸庞的感觉。户外时间让孩子们接触到新景象和描述性词汇，他们可以在开始通过艺术表达自己时运用。

通过谈话发展词汇量

哈特和瑞斯利的研究（Hart and Risley, 2003）表明，从婴儿期开始就让孩子被单词包围是迈向语言和读写能力成长的第一步。他们指出，在堪萨斯州堪萨斯城的美国市中心幼儿园就读的孩子们，最初在语言密集型活动中说出的单词数量大致相同，却以截然不同的速度在他们的词汇表中添加新单词。

要确定为什么一些孩子们学习新词语的速度比他人更快，哈特和瑞斯利走进了42位孩子的家庭，年龄范围在7—48个月之间，统计了直接对他们说出或可能无意中听到的词语数量。他们选择了高、中、低经济水平的家庭。研究人员发现，生活在高社会经济专业人士家庭的孩子比生活在低社会经济领取福利家庭的孩子多听到3,000万个词语。早期词语接触的巨大差异造成了孩子在他们的词汇表中增加新单词速度的显著差异。在他们的研究中，他们学习到孩子直到3岁时听到的谈话量对以后在学校中的成功起到巨大的作用，其影响超过种族、文化或智商。

在之后的研究中，纽曼和赖特（Neuman and Wright，2014）指出，许多证据表明儿童在整个学龄前阶段和之后都可以继续发展词汇量。他们发现，当成年人让孩子参与有计划、有序和系统的词汇干预时，他们有可能更快地学习词汇。教师、看护人和父母可以帮助所有词汇量较低的孩子增加他们知道和使用的词语数量。

单词知识从出生时开始就是学习的重要基础部分。如果学习的基础薄弱，孩子需要干预来帮助他们加强技能。一个地基不稳固的房屋需要不断地修补和维护。如果房屋修建在扎实的地基上，它就会保持坚固。

以下是您可以让婴儿和孩子沐浴在词语中的方式。这些范例皆无需特殊培训或材料。只是通过谈话！虽然在一开始您给婴幼儿介绍新词语的努力果实并不明显，但是您的努力会在三年级之前就带来更大的学业成功（Hart & Risley，2003）。

1. 做一名健谈的家长、教师和看护者。孩子们听到越多的词语，他们的词汇量增长得越快。

2. 把内心的想法说出来。例如，在换尿布时您可以说一些类似于"噢，你的尿布湿了！我们必须要换你的尿布了。"

3. 使用被称为妈妈语或儿语的夸张语音。夸张语音，尤其是元音，能够提高婴儿对语言的注意力。

4. 当您指导孩子时，请不要只说必要的商务语言，例如："停止那个。""坐下。"除了商务会谈语言，也要详细说明孩子刚才说了或做了什么。

5. 想方设法地在与孩子的回答和互动中运用丰富的词汇。

寻找多种方式让婴幼儿在能够运用词汇表达自己之前就通过会谈接触词

语。当您做以下行动时，他们会从相互迁就的会谈中获益：

1. 用言语回应他们的手势和早期难懂的沟通尝试。
2. 重复您听到的词语，或是您认为听到的，并把它们运用到简单的句子中。
3. 描述这个学步儿童正在做什么。例如："你将六个小汽车放到了箱子里。"
4. 示范对话技巧，包括眼神交流、面部表情和轮流。

随着学步儿童成长至3岁，您与孩子之间的对话会包含更多词汇和完整的思考。虽然语言发展是无法预测的，但学步儿童通常在12—18个月之间说出他们的第一句话。在这时，通过一些戏剧化效果，他们可以理解歌曲、简单的故事和童谣中的词语。令人惊喜的是，只要有机会，孩子到3岁时就能够用他们的母语，使用短句和超过200个词语进行交流。他们的语言是对家中听到的语言和方言的模仿。

通过朗读使儿童接触大量词汇

日常谈话是为通过艺术交流奠定基础的关键第一步。从出生开始就给孩子们读书，使他们接触到比日常用语更罕见、更复杂的陌生词汇。请思考关于艾瑞·卡尔（Eric Carle）的《你好，红狐狸》（*Hello Red Fox*）。在这本为2岁及以上孩子所著的书中，写到了"相反的""微弱的""的确""安然地"等词语。玛格丽·威廉姆斯（Margery Williams）的《绒布小兔子》（*The Velveteen Rabbit*，1981）是一部经典之作，适于3—7岁儿童，含有大量生僻词汇。仅在书的前三页中就出现了这些词语：沙沙声、昂贵的、技术性的、优越的、存在、木屑、微不足道的。您还可以通过精心挑选的小说、诗歌和非虚构书籍极大地拓展您的词汇量。

重要的是，请不要将自己局限于那些字数少或词汇简单的书籍。纳入词汇量丰富的书，例如汉斯·克里斯汀·安徒生（Hans Christian Anderson）、罗伯特·路易斯·史蒂文森（Robert Louis Stevenson）以及兰斯顿·休斯（Langston Hughes）的经典文学作品。还是一名非常年幼的孩子时，多尔·奥雷夫（Doll

Oref）的爸爸给他读了经典文学作品，其中包括罗伯特·路易斯·史蒂文森的《金银岛》(*Treasure Island*)。这样的早期接触引导向了一生的经典阅读乐趣。相似的，拉菲·埃斯奎斯（Rafe Esquith），内城一所为移民孩子服务学校的五年级教师，让他的学生接触了精彩的莎士比亚著作。他对于莎士比亚的兴趣始于从小聆听为他朗读的莎士比亚戏剧。

持续地让幼儿接触经典小说和资讯类书籍中越来越复杂的词汇。年幼的孩子们喜爱资讯类书籍！当我们给一名2岁的孩子阅读《三只小猪》(*The Three Little Pigs*)故事时，他被那只狼迷住了。我们给他展示了两本有狼的图片和描述的资讯书。每当我们请他带一本书来一起阅读时，他几乎总是带来关于狼的资讯书。

■ 朗读的益处

书籍给婴儿和幼儿介绍了一个比自己身处的更广阔的世界。书籍给幼儿机会广泛地倾听关于真实和想象事件的丰富词汇（Hayes & Ahrens，1988）。

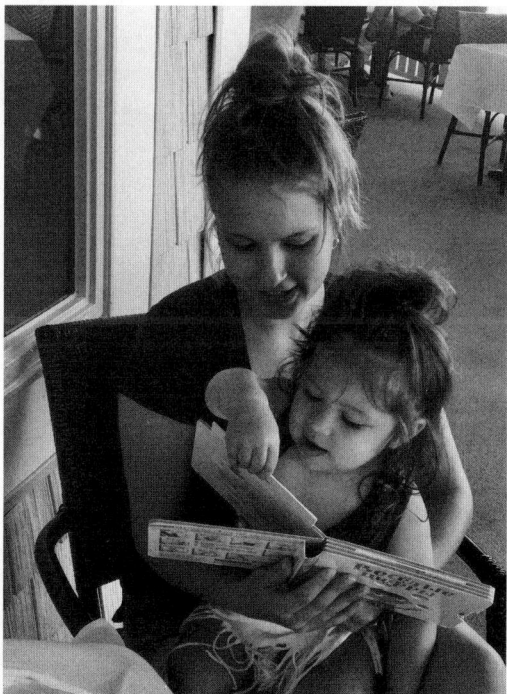

图片3.1
妈妈和孩子正在阅读

以下是关于成功的婴儿朗读会建议：

1. 从出生开始，在阅读时抱着婴儿。非常年幼的婴儿在您阅读时不会做出回应，但是当他们听到自己语言的声音和词汇时，会从周围平和而舒缓的环境中受益。

2. 在4—6个月大时，通过轻轻地引导婴儿的手来帮助他们指向图片。

3. 随着婴儿对图片变得感兴趣，请纳入含有彩色图片，含义与文字相符的虚构和非虚构书籍。

4. 加入带有趣味的重复声音和词语的歌曲和书籍，例如由比尔·马丁（Bill Martin Jr.）和艾瑞·卡尔创作的《棕熊，棕熊，你看到了什么？》（*Brown Bear, Brown Bear, What Do You See?* 1992）

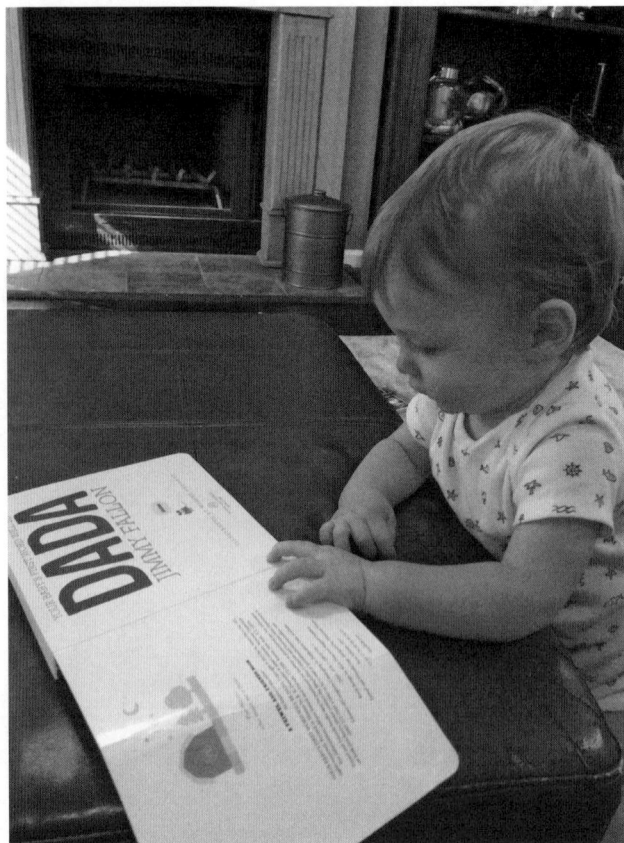

图片 3.2
婴儿站着阅读一本书

　　当婴儿成长得更强壮时，他们可能从您的膝上辗转反侧至寻求独立。有许多孩子想要站立时看书，而其他的孩子或许更喜欢独自坐在椅子上。这两张图片展示的是11个月大的婴儿，怀亚特和米娅，正在接触书本。他们的父母都坐在附近，为了用手指那些引起他们注意的图片、词语和字母。为了增进互动，成年人对他们所指的事物发出惊呼，并让他们也指出大的字母、词语和图片。

■ 待不住的孩子

　　从出生之时起，孩子们就广泛接触到多种词汇。虽然他们正开始用声音、单个的词语和手势来表达自己，但他们仍然通过为他们朗读来吸收词汇。因为孩子们很快会变得坐立难安，所以在阅读时间获得并维持他们的兴趣是一种挑战。

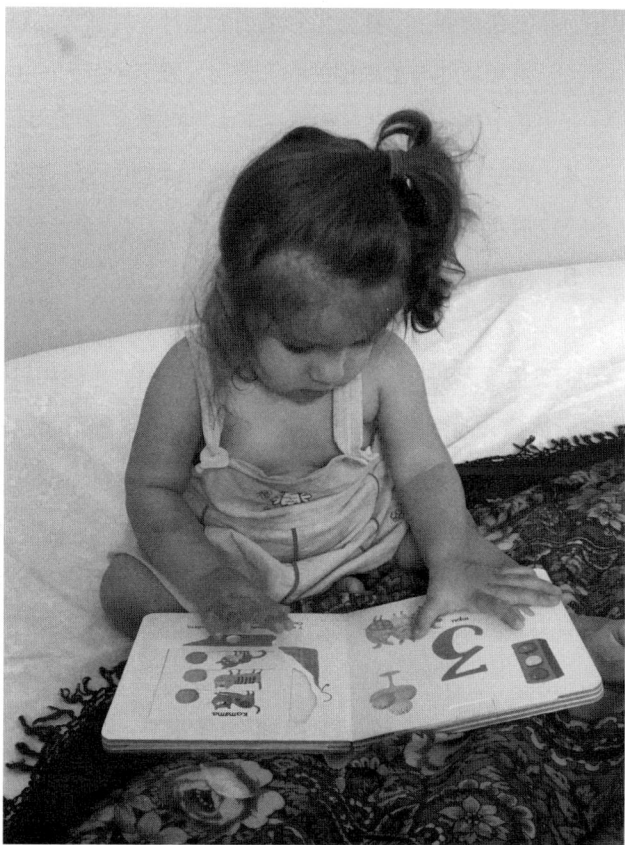

图片3.3
婴儿坐着阅读一本书

我们见到儿童图书管理员经常用互动的童谣、手指游戏和儿歌来打断阅读时间。我们目睹到注意力已经飘走的年幼孩子立即被变化的节奏吸引了回来。他们尤其被音乐吸引。伴随有戏剧化动作的歌曲，例如《头，肩膀，膝盖和脚趾》（*Head, Shoulders, Knees and Toes*）以及《蚂蚁一个接一个地前进》（*The Ants Go Marching One—by—One*）都是他们所喜爱的。

珊米·索雷尔（Sammie Thorell），一位密西西比州的幼儿图书管理员，是通过结合艺术与阅读来激发幼儿对书籍兴趣的大师。以下是她为主题互动朗读活动收集书籍和道具的建议，这些活动会让所有年龄段的幼儿都兴奋不已：

1. 从公共图书馆借阅书籍和木偶。

2. 在旧物出售、打折商店收集工艺品，并将您正在收集的物品告诉家人和朋友。

3. 在开始读书活动之前，创造摆设来取悦幼儿。用主题图案布料或桌布铺在桌面上，挂上色彩缤纷的图片，并摆放书籍、木偶、毛绒动物玩具和其他与主题相关的工艺品。展示一系列同主题的虚构和非虚构故事书籍，以让孩子们拿在手中并阅读。

4. 将主题虚构和非虚构书籍藏在礼品袋中，一本接一本地拿出这些书籍展示给孩子们。

5. 戴帽子来创造戏剧化效果。

请参见下面两张照片来了解主题展示书籍、木偶和其他工艺品的创意。

要热情，改变您的声音，进行眼神交流，使用面部表情和肢体语言。戴着帽子或穿着扮演服装不会让您很滑稽的，运用戏剧化的动作、改变您嗓音的音量、音调和语气。您的幼儿观众们会喜爱的！要让幼儿们为故事时间做好准备，让他们参与进行简短的活跃运动。请确保演示并与他们一起做运动。这里是珊米·索雷尔用来甩掉摆动，进入状态的两种方法：

■ 5—4—3—2—1 甩掉

在向孩子们展示要做什么之前，先一起深深地打个呵欠、紧扣手指伸展身

图片3.4
两栖爬行类动物展示

图片3.5
狼的展示

体。让他们两脚平放于地面站立（与双肩对齐），双膝准备跳跃的状态，两只手放于身体两侧，眼睛平视前方。

开始时，热情地说"甩掉！！"。向孩子们展示怎么做之后，让他们先摇晃每只脚一、二、三、四、五次。将这个动作用手、手臂和腿重复，然后让他们坐下，双眼直视前方。

■ 烂苹果

告诉孩子们他们正在散步并且感到非常饥饿。然后他们见到一棵苹果树结满了苹果。

1. 假装您和孩子们伸展身体去摘树上的一个苹果并说"嗯——！"。

2. 假装咀嚼，吞苹果（带声音），吐掉（当然是假装的），然后说"咦——！"。

3. 把双手放到您的肚子上，然后说"哈，嘿，吼，你好——，想要一个烂苹果吗？"，假装把苹果扔向远方。

这里有一个有趣的方式维持孩子们在朗读时的兴趣并给朗读会结尾：任意唱一首歌；突然暂停歌唱并说一个傻傻的词语，例如"乱七八糟"或者您或孩子编造的词语；孩子们必须保持安静直到您又开始歌唱。

通过欣赏专业画作提高词汇量

专业艺术家所作绘画的彩色印刷品可以展示对自然和其他主题的现实和想象的表达。有指导和独立近距离观看一幅画作可以加深孩子们对颜色的知识，通过让他们说出这些颜色的名称，然后观看各种颜色有不同的深浅色。一些代表不同地理位置的画作展示了土地面积、土壤颜色和植物生命的差异，这些特点通常与孩子居住地不同。

请分别仔细查看大卫·沃尔夫的三幅画作，您会想出许多不同的方式运用于拓展儿童的词汇量、创造性和关于该主题的知识。

■ 圣洁的早晨

图片3.6清晰地描绘了花朵的各个部分，花瓣、雌蕊和雄蕊。仔细地观察叶片，孩子们会看到一只非常饥饿的毛虫在哪里啃叶子。

图片3.6
《圣洁的早晨》

■ 拉普尔塔

图片3.7描绘的是美国西南部地区拉普尔塔（La Puerta）的鲜红色土壤、零星生长的植物以及各种色彩。孩子们可以学习这些词语：裂隙、巨石、山以及云的种类名称。

■ 富有想象力的背景

这幅描绘捕鸟蛛（Tarantula）的画作向孩子们展示了创造富有想象力背景

图片 3.7
《拉普尔塔》
————————

画面的方法。孩子们可以制作一只蜘蛛，或者任意其他形象，把它粘在一张颜色鲜艳的纸上。他们可以使用拓印棒、薄丝带或其他任何您认为可以帮助他们为形象创造有趣背景的材料。让孩子们在描述他们的作品使用了哪些不同形状和颜色时，运用"背景"一词。

在自由玩乐中实现前期艺术成长

年幼的孩子们在自由玩乐中开始学习前期艺术技能和性情，他们一边发挥想象力，一边探索视觉艺术媒介，以在纸上做标记、做雕塑或用胶泥和其他三维材料建造物品。他们聆听音乐并随着拍子和节奏律动或舞蹈，用面部表情、手势和戏剧来表达感受。

米娅，18个月大，用她的面部表情和手臂动作来表达喜悦。

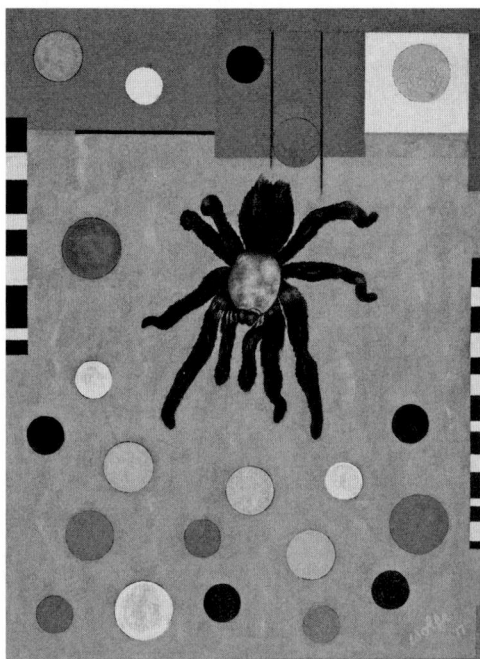

图片 3.8
《捕鸟蛛》

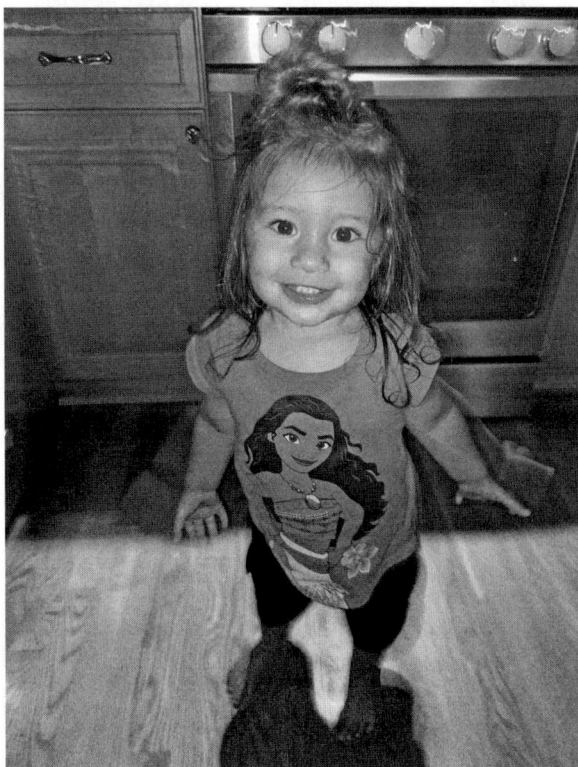

图片 3.9
穿着迪士尼（Disney）
T恤的女孩

■ 积木

玩积木是一种让0到3岁的幼儿在自由玩乐中运用视觉和戏剧艺术的绝佳方式。积木成为他们可以用来试验形状、颜色、图案和简单结构的前期艺术工具。最初，婴儿通过触摸、抓握和敲打它们发出声音来探索积木的感官属性。他们喜欢将积木放入空容器中，然后再将它们倒出。婴儿和年幼的学步儿童认为将他人建造的结构推倒很有趣。因为他们还太年幼，不懂得尊重他人的工作成果，请给他们与其他孩子划开距离的玩乐空间，直到他们成长到懂得尊重其他孩子的工作成果。

学步儿童开始横向排列积木并建造简单的结构。他们喜爱在创造中添加配件，例如玩具车、塑料动物和人物以进行想象玩乐。在他们玩积木时，他们学习新的词语、发展手眼协调能力和肌肉控制。学步儿童至3岁的孩子们开始发展自律、情感和社交性情，同时也在发现和体验艺术、科学、数学和工程原理。

成年人的角色是提供支持，并在出现机会时，示范扩展层次的积木游戏以保持孩子的兴趣。为积木玩乐管理材料和空间的方式来自克莱尔、哈姆斯和莱利。

1. 为积木玩乐提供一个无障碍的洁净空间。避免那些幼儿会走过的地方。
2. 把积木和配件存放在能够轻易被拿取的地方。
3. 按类型分组和存放积木：泡沫、布料、自制、木制、硬纸板和大型联锁乐高积木。
4. 将配件按类型分组：车辆、人物和动物。

■ 沙子与水

玩沙子和玩水为幼儿提供多样的机会来发展手眼协调、精细动作和前期艺术探索，例如制作和改变设计以及雕塑。沙子与水不管是单独或混合在一起都很容易进行操作和探索。运用不同大小的容器来装水和沙子，例如洗碗盆和塑料储物盒。接触沙子和水最适合那些不太喜欢用味觉进行探索的孩子们。非常年幼的孩子应受到密切照看。

对于湿与干沙玩乐，拿出铲子、抹子、耙子、筛子、宽齿梳、模具、桶、塑料人物、动物、汽车和自卸卡车。运用他们的手指和玩具，学步儿童可以用干湿沙子制作设计，同时发现关于干与湿、液体与固体的科学特性。他们可以通过使用量勺来装满不同大小的容器来接触测量和估算的数学概念。

对于玩水，请为学步儿童准备不同的材料，以每天使用来吸引和保持他们的兴趣。材料可以包括量杯、罐子、勺子、水罐、桶、漏斗、塑料管、模具、量勺、海绵、火鸡滴油器、塑料喷壶瓶，以及可以沉没和漂浮的小船。要扩展学习机会，请在水中添加泡沫和颜色。

克莱尔、哈姆斯和莱利（Cryer, Harms, & Riley，2004）建议18个月及以上的学步儿童每天体验沙子和水。对于沙子可接受的替代品是鸟食和大米。由于吸入、窒息危险和将材料放进鼻子和耳朵的可能，请勿使用木屑、爽身粉、豆类或聚苯乙烯泡沫塑料。幼儿应在接触沙子和沙子替代品之前和之后洗手。

前期艺术成长阶段与活动

■ 视觉艺术

描图、绘画、工艺品、摄影、雕塑和搭建是通过一系列专为幼儿设计的艺术工具创作的。在纸和盒子上涂鸦是婴儿和学步儿童在世界上留下他们最初印记的最早期方式之一。一个大号包装盒的高度正好适合怀亚特涂色。

■ 描图、绘画和装饰阶段

描图和绘画的第一阶段是随机的曲线和圆形的标记。随着学步儿童成长，他们开始混合绘画或涂色不相连和相交的线条。乐趣来自享受他们行为中的因果关系，而不是他们制造的最终产物。这一点由他们如何在制作标记后走开，几乎没有兴趣向他人炫耀作品来证明。他们可能在玩耍后回来做更多记号。

随着时间的推移，年幼孩子们的随机涂鸦记号变得更受控，他们也有能力做出不同的形状、图画、数字和他们可以念出或描述的字母。

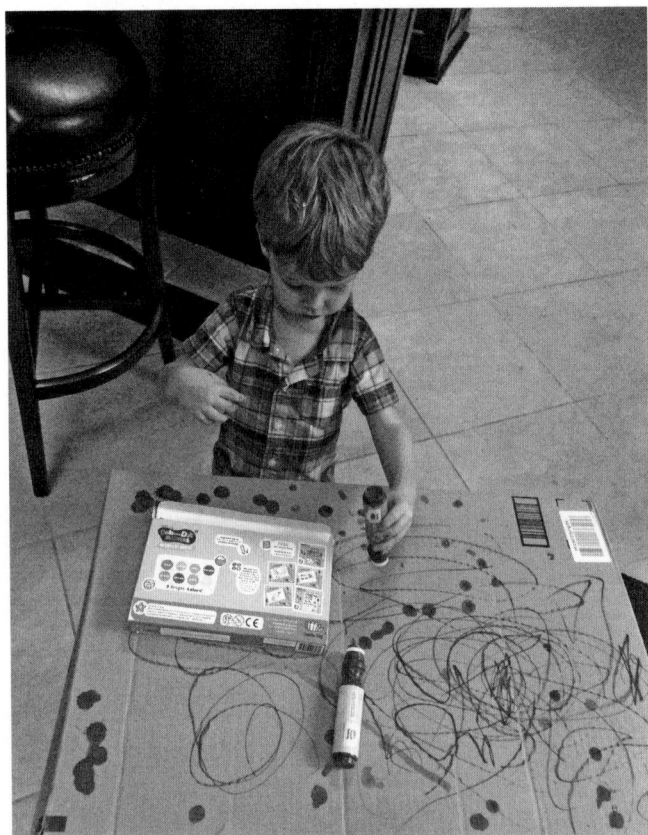

图片3.10
男孩给一个大盒子
涂色

　　年幼的孩子们享受使用胶水和自粘贴纸来装饰他们的作品。他们可能将贴纸贴在任何地方，甚至是在他们的手臂和衣服上。他们还喜欢使用带有无毒印台和章面的橡皮图章。这为幼儿提供了机会，锻炼他们使用一系列安全材料来粘贴、雕塑、绘画、涂色和用剪刀的技能。

　　在2—4岁，孩子们持续地探索艺术材料的特性。双手和手臂涂满了颜料，头发上粘着胶水结块，这些都是幼儿对触摸和操作各种材料的强烈需求的证明。在这张图片中，阿利斯泰尔展示了他以双手作为工具，直接接触颜料来探索颜色变化的多样方式。

　　为年幼孩子们的早期视觉艺术体验提供帮助的方法：

1. 提供多种机会以使用许多颜色的粉笔、无毒可洗颜料、易于握持的蜡笔，以及在合适的大平面上自由探索。提示：一些蜡笔一面是平面的，可防止滚落桌面，这会让孩子和成年人都感到沮丧。

2. 一次拿出较少的视觉艺术材料，这样孩子们可以试验使用它们的方法。指导孩子们关于材料安全和正确使用的方法。

3. 鼓励年幼的孩子用大刷子和一桶水在混凝土板上画漩涡和设计图案。或者，让他们用大号彩色粉笔给走廊或操场涂色。

4. 在颜料中加入沙子或石子以获得质地效果。并在挤压瓶装胶水中加入食用色素以绘制凸起的形状。

5. 将胶泥和塑料模型放在无黏性的可洗平面上，例如大托盘、饼干烤盘或塑料餐盘垫。

6. 克制告诉孩子们要创作什么。给他们探索的自由。

迈克尔、兰杰和范，年龄3岁，正在看要用于胶泥项目的材料。

仔细看这张图片，您会看到26个月大的怀亚特在一张大纸张上用蜡笔试

图片3.11
男孩正在作手指绘画

验。他已经足够大了，可以抓住一个小物体，并在这张纸的不同位置做标记。他处于绘画的第一个阶段，随机涂鸦。

图片 3.12
三个男孩在外交谈

图片 3.13
学步儿童正在给大纸张涂色

■ 音乐

我们将音乐和动作相结合，因为在0—48个月大时音乐和动作通常是密不可分的。动作，舞蹈的前身，可以融入所有儿童音乐当中。

年幼的孩子们被音乐所吸引。当您唱歌曲和童谣并伴随触摸和动作时，您已经让他们接触了重要的语言声音和词汇。早期音乐体验有助于身体和认知成长。当婴儿成长为学步儿童时，他们获得必要的控制力，随着音乐有意地运动他们的手臂和双手。

父母和早期儿童保育提供者都曾表示，他们喜欢抱着婴儿轻柔地随着音乐摇摆或舞蹈。音乐不必局限于儿童歌曲。它可以是多元文化的、古典的、流行的、音乐剧歌曲、摇篮曲或您选择的其他任何音乐。一位母亲说她可以通过宝宝的面部表情判断，她儿子最喜欢的歌曲是艾德·希兰（Ed Sheeran）和安德烈·波伽利（Andrea Bocelli）的《完美交响曲》（*Perfect Symphony*）。

1—4岁的孩子喜爱一边打鼓和在玩具木琴上敲击音符或敲钢琴键盘上的琴键，一边制造和聆听声音。他们喜欢在网络资源上听在线音乐。他们也喜爱模仿成人在歌曲中的动作。随着幼儿的成长，他们的音乐创作和动作变得更有意识。

3岁的阿达琳正在炫耀她的新鼓，看起来她已为庆祝游行做好准备了。

图片3.14
女孩敲着鼓

在跟唱时强调那些早期口语语音。给歌曲例如《公共汽车的轮子》（*Wheels on the Bus*）加上动作，并设置适合儿童发展的乐器。您可以使用家庭用品，例如碗和有塑料盖的罐头作为鼓。沙铃则可以用塑料瓶填充少许豆子或大米，加上严实的盖子和胶水粘紧制作而成。

正如您会受到音乐的影响，年幼的孩子们通过对所听音乐的反应向您展示他们最喜爱的音乐。为孩子们准备的线上音乐资源非常丰富。基于我们见到学步儿童的反应，这是我们最喜爱的其中两首。《洗澡歌＋更多动画童谣和儿歌》（*Bath Song + More Animated Nursery Rhymes and Kid's Songs*）、《阿克利与我：让我们来介绍自己》（*Akili and Me: Let's Introduce Ourselves*）。

当大人一起跟唱并做出与歌曲配合的手势时，这些动画歌曲会变得更有趣味性。

孩子们从许多方面受益于演奏乐器。非常年幼的孩子们从试验乐器声音开始，发展到学习演奏简单乐曲中的一部分或整首曲子。

鼓

若您没有为孩子们准备在商店购买的架子鼓套装，请使用各种各样的物品，例如罐头和带塑料盖的容器、罐子以及不同大小的塑料或金属碗。让较大的婴儿和孩子使用他们的手、勺子和其他物体来打鼓，并试验制造不同的声音。向他们展示怎样用鼓制造一系列声音，然后指导他们制造兔子跳跃、狮子奔跑和大象迈着重重的步子穿过丛林的声音。让一些孩子打鼓，其他的孩子根据听到的拍子和节奏创造动作。

钢琴键盘

如果您没有钢琴，以一个简单的键盘乐器开始。给孩子们演奏熟悉的歌曲让他们跟唱。让孩子们单独地来到键盘前，试验制造不同的声音。向他们展示中央C，然后让他们说出名称并按下相邻的键，目标是他们可以说出一个八度音阶中的全八个音符。请别忘记，莫扎特从3岁时就开始弹钢琴！

歌曲和游戏是世界各地家庭庆祝的主要组成部分。其中许多是代代相传的，且具有跨文化差异。

伦敦桥要倒塌啦（London Bridge is falling down）

一名成年人和一名儿童高举手臂组成一座桥，在唱到"倒下来"（falling down）这个词语时放低手臂。让大家一起唱"伦敦桥要倒下来，倒下来，倒下来，伦敦桥要倒下来，我美丽的淑女"。孩子们一边唱一边从桥下过，希望桥不会倒在他们身上。请简单使用适合婴儿和年幼学步儿童的手势。您可以用您附近桥的名称来代替。

编玫瑰花环（Ring Around the Rosie）

孩子们与一名成年人或他们互相手牵手围成一个圈。当他们开始走时，他们唱着英文或西班牙文歌词［由詹姆斯·霍姆斯（James Holmes）翻译，2020］。

玫瑰做的花环，
用一口袋的花朵。
灰烬，灰烬，
我们都将倒下。

学前教师，罗宾·赫斯，和2—4岁的孩子们手牵手，玩耍和歌唱着《编玫瑰花环》。

划船曲（Row, Row, Row Your Boat）

孩子们划着一艘想象的船。他们假装握住一副桨，每划一次，前后移动他们的手臂和身体，同时唱着英文或西班牙文的歌词（由詹姆斯·霍姆斯翻译，2020）。

划，划，划小船，
顺着溪流慢慢下。
快活，快活呀，快活，快活呀，
人生，然而，就是梦一场。

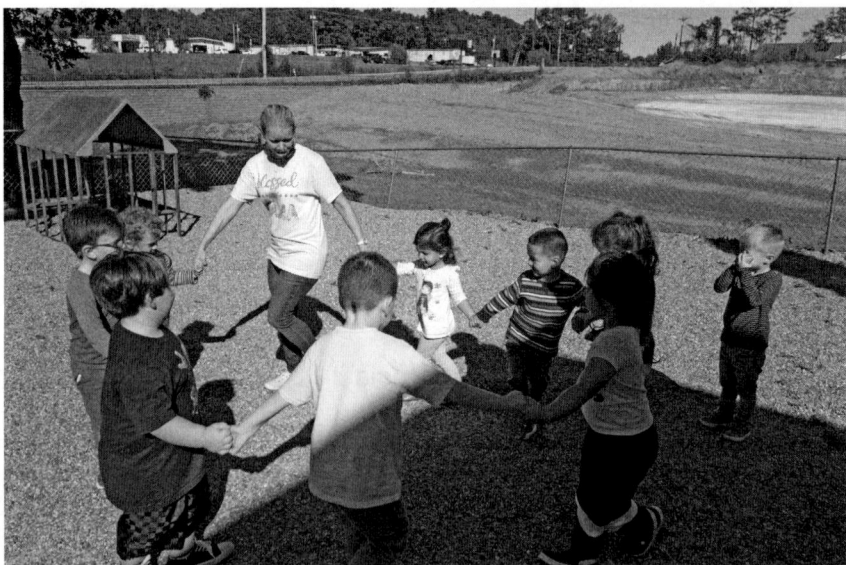

图片 3.15
教师领唱《编玫瑰花环》

小小蜘蛛

孩子们将一只手的大拇指与另一只手的中指碰在一起。当他们唱歌时，他们转动手指，并举高手臂来模拟一只蜘蛛爬升。

英文版在墨西哥有所不同。［由辛西娅·加西亚—坎波斯（Cynthia Garcia—Campos）翻译，2020。请注意，部分歌词不完全对应］

　　小小蜘蛛爬上网，

　　一场雨下来，冲下小蜘蛛。

　　太阳出来了，晒干了雨水，

　　小小蜘蛛又爬了上来。

墨西哥帽舞

将一顶大帽子放在地面上，让一名或更多孩子伴着墨西哥帽舞的音乐绕着它走。让他们绕着帽子移动时举高和放低他们握紧的手。叫孩子们的名字，让他们在圆圈中央绕着帽子舞蹈。

■ 游戏和体育活动

游戏和体育活动促进身体、社交和情感成长，是对于全面参与艺术所必须的。通过小组玩乐，孩子们学习分享、合作和轮流。他们开始发展一种认知，即世界上其他的孩子们都喜欢与他们所知道的相同或相似的游戏。

来自三个不同国家的孩子们，年龄2—4岁，加入到一起互相扔球的游戏中。请见图片3.16。

击中目标

帮孩子们用一块大号粉笔在地上画一个大圆圈。用一个大球作为目标并将其放在圆圈的中央。给每名孩子一个更小的球朝着目标滚或扔去。目标是击中或接近目标。

桶与球

将一组不同颜色的球放在一个浅容器中，这样孩子们就很容易看到它们。

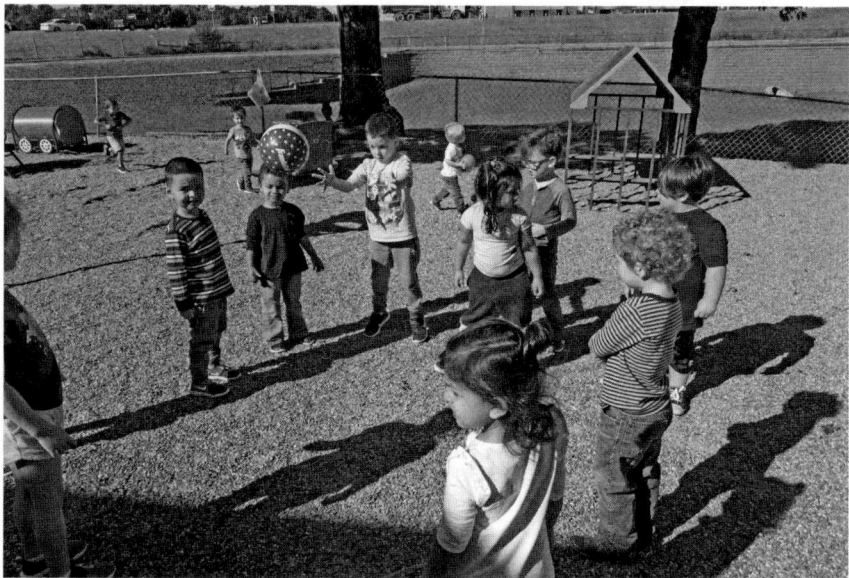

图片3.16
孩子们围成一个圆圈扔球

在离球几十厘米远的地方排列三个不同颜色的水桶。学步儿童捡起一个球，然后跑去将它放入相对应的桶里。年龄较大的孩子们可以站在后面，将球扔进匹配的容器中。

捉人游戏（Tag）

阅读《杰克与豌豆》（*Jack and the Beanstalk*），或您另选择的一则故事之后，选择一个角色的名字用于称呼被选为"捉人者"的孩子。被选为"捉人者"的孩子通过触摸来尝试抓住别的孩子。让"捉人者"背对着孩子们站立。当您叫"捉人者"的名字时，他或她转身面对孩子们。此时，孩子们跑去触摸"捉人者"并尝试不被抓住。要停止这个游戏，再次叫"捉人者"的名字，所有孩子们必须完全静止站立。

走、跳、单脚跳

使用胶带，在一块场地或地面上创造多个图案。图案可以相接近或间隔开。较好地混合两者对孩子们来说很有趣。根据他们的年龄，孩子们从一个形状走、跳、单脚跳到另一个形状。您可以引导他们，或者让他们选择想要走的方向。他们应说出所落形状的名称。您也可以将数字、字母和词汇用于这项活动。

■ 戏剧

音乐、游戏和戏剧动作之间有着密切的关系。除了让婴儿和幼儿模仿您的动作，也给他们机会创造自己的动作。当您伴随着触摸和动作唱歌和背诵童谣时，您已让最年幼的孩子也参与到了前期戏剧动作中。通过戏剧，年幼孩子们可以运用和积累词汇，同时表演出他们的感受和想法。戏剧提供多种非威胁性的方式，让年幼的孩子们结合手势和简单词语表达他们的感受。这里有两个建议：

制作一组表情（快乐、悲伤、皱眉、惊讶），使用圆形纸板钉在压舌板上。让孩子们选择表现出他们当天感受的表情。让他们制作一个与所选相似的表情。询问是什么让他们开心、悲伤、生气或惊讶。可以的话，让他们参与对话。

让孩子们用木偶表达自己。害羞或感到勉强的孩子们可以藏在它后面说话。孩子们可以进行自由玩乐，或者您可以提前计划主题。您可基于已掌握有关孩子的信息，例如他们的感受、新宠物或新玩具，选择个性化谈话主题。

这张照片是在为2岁的钱德勒·凯特、艾娃和卡森介绍木偶。请见图片3.17。

图片3.17
学步儿童们手拿木偶

童谣

童谣是一种词汇丰富的极佳资源，可伴随与其含义相符的动作来背诵和演唱。凭借其有韵律的语句，童谣是建立语言发展基础的有效方式。当您背诵童谣词时，聆听它的韵脚，并寻找加入戏剧化动作和文字游戏的机会。

孩子们可以用自己的语言进行文字游戏。例如，"小男孩布鲁过来擤鼻涕［Little Boy Blue come blow your nose（原文为horn，意为吹号角）］"。年龄更大的孩子们可以替换词语中的第一个音来改变它的意思，"一排，一排，一排，你的山羊［Row, row, row, your goat（原文为boat，意为划船）］"。请鼓励他们为自己创造的新词编排动作。

■ 传媒艺术

传媒艺术运用电子设备和技术来创造动态。范例包括有动态设计和图像的电脑显示程序、虚拟游览、摄影、互动故事、手电筒、动画儿歌、故事和翻翻书等。

传媒艺术通过技术为孩子们打开了丰富的视觉和声音世界。孩子们有许多机会在手机、智能平板和电脑上观看各种颜色、形状和生物与非生物体的动态。他们可以在较短的监督时间内使用线上互动程序。

在出生到1岁之间，婴儿是传媒艺术的接收者。他们被音乐抚慰，也观察映在天花板或墙上的移动灯光和图案。大约在6个月大时，在有指导的情况下，他们能够按下按钮来播放书籍和玩具上的音乐。

随着孩子们成长，他们有能力使用手电筒来制造图案，并与电子游戏和故事互动。这里是一些创意：

1. 将灯光设置朝向一面空白的墙壁或屏幕，通过将手或一个物体放在灯和墙壁之间来展示如何创造影子。请给孩子们时间试验创造影子。

2. 将专为幼儿设计的手电筒发给每名孩子。在一个光线较暗的房间，让他们用光线制造圆圈和漩涡形。他们可以随着音乐的节奏或鼓点让光线上下摆动。

3. 播放互动动画故事。与孩子们坐在一起分享乐趣，并对他们在故事中的评论或手势做出回应。

4. 放映关于自然界中昆虫和动物的短视频，帮助孩子们判断他们可以运用在自己艺术中的动作、形状和颜色。

结论

前期艺术观察和活动是参与五种艺术形式的第一阶段。婴儿、学步儿童和年幼孩子正处于为全面参与艺术而发展必需的运动技能和语言过程。甚至在他们可以说话之前，他们就能够通过行为和戏剧性的动作表达感受。好奇和探索等自然出现的性情能够通过前期艺术来满足。学习的性情，例如自律、解决问题和尊重他人，发生在个人和社交的前期艺术活动中。

从出生起，孩子们可以运用五感来探索和学习他们的世界。年幼的孩子从他们的前期艺术感官体验信息中学习，并可以将所学带入艺术参与中。当他们在自己的世界中探索艺术时，成年人应该指出并描述他们见到的是什么。正如一位母亲所点出的，"我将我的孩子带到这个世界，至少我能做的是将世界展现给她"。

从本章内容到教育您的孩子

1. 基于哈特、瑞斯利、海耶斯和阿伦斯（Hayes and Ahrens）的词汇研究，帮助您让0—3岁孩子为未来学业成功做好准备的多种方式。

2. 设计您的理想玩乐空间。如果您有100美元，您会如何使用？根据本章中的具体信息构建您的想法。

3. 选择至少3首童谣，并分析您可以怎样运用它们来促进语言和读写能力发展。描述您可以将它们与五种艺术形式（视觉、音乐、舞蹈、剧场/戏剧、传媒）联系起来的方法，运用珊米·索雷尔的创意以及本章中的其他内容。

4. 选择一本受欢迎的儿童书籍，并描述您会如何根据这本书的主题创造一个令人激动的环境。

5. 从本章中选择两首跨学科歌曲或两项游戏，您可以直接使用或为年幼孩子改编。选择您想要帮助孩子发展的性情。请考虑您可以将游戏用于早期读写能力、语言、社会学科和STEAM教育学习的方法。

第二部分
实践活动
第4—8章

从做中学
——艺术实践活动带来的
学习与成长

第4—8章内容介绍

在接下来的章节中，您会发现含有50个艺术活动的宝库，与4—8岁的孩子们使用。章节按照5种艺术形式规划：视觉、音乐、戏剧和剧场、动作和舞蹈、传媒。我们测试了这些活动，以确保其说明易于遵循并支持学习和发展。每项活动都有着相同的格式，以使信息一目了然。

在参与艺术活动时，孩子们利用自己的肢体和思维，使身体和心智得以发展。您可以选择艺术活动来帮助幼儿发展精细运动技能，例如揉搓和撕纸、在大平面上绘画、剪裁和粘贴。孩子们可以通过动作和舞蹈发展他们的大肌肉群。艺术能够提供孩子们许多机会来培养关于探究、批判性思维、解决问题、毅力和社交技能的性情。

每一章节都包含"探索有趣的事实"部分和"孩子们能学习什么"的表格。它们包含的事实与标准展示了如何将艺术与其他学科领域相融合。例如：

科学：让孩子们在自然中散步时拍照，将他们看见事物的外观和行为戏剧化地表现出来，例如昆虫移动的方式、鸟儿如何飞翔和花朵怎样绽放。

技术：孩子们可以使用简易和电子的技术来创造关于在自然散步时所见事物的表达，或者创造一个传媒艺术作品。

工程：孩子们可以设计一个项目，并在用户外找到的小树枝建造堡垒或其他结构时，参与反复试验和解决问题。

艺术：孩子们可以计划一场课堂表演，当中他们制作道具、练习发声、用自己制作的乐器演奏背景音乐，并运用灯光来制造特殊效果。

数学：让孩子们进行数学散步，找出并辨别自然的和人造的线条、图案和几何结构。

语言：孩子们可以创造收集物品展示，口头描述或写下关于他们散步时发现事物的标签和简要描述。

社会学科：孩子们可以基于本国地图或世界地图，呈现鸟类和蝴蝶的迁徙路线。

章节概括

第4章
视觉艺术

　　视觉艺术包括描图、绘画、雕塑、设计、手工艺、建筑、摄影和视频。这一章提供机会让孩子们参与发展创意思维和解决问题的动手活动。各种各样的艺术媒介带来了一系列方式让孩子们表达和交流有关学习STEAM科目以及其他学科领域的原创思考和创意，同时建立自信与毅力。

第5章
音乐

　　这一章运用唱歌和演奏音乐来培养对学习、参与、自我表达和自我价值的积极态度。音乐可以提高记忆力、听力技能，并支持其他学科领域的学习。通过创造简单的乐器和发声器，进一步增进了学习。本章节的活动能够刺激高级音乐概念学习，例如音符的名称以及全音符、二分音符、四分音符和八分音符的含义。

第6章
戏剧和剧场

　　本章运用戏剧和剧场来鼓励主动学习和理解他人及所处的世界。想象、自我表达、解决问题和合作促进了简单面具和木偶的创造，以进一步交流和描绘对他人的学习和想法。戏剧和剧场能够轻易地与传媒艺术相结合，以开发和录制作品。

第7章
动作和舞蹈

动作和舞蹈用于唤醒身体、空间和感官意识，同时大肌肉运动技能和健壮程度得以提高。舞蹈容纳了对文化多样性的学习与表达，以及对差异性的包容。孩子们可以重现历史事件、自然事件和科学中的循环现象。参与动作和舞蹈帮助发展的重要技能包括遵循指示、词汇发展和专注力。

第8章
传媒艺术

传媒艺术，动态的图像，通过简单和电子的技术带来创意和有效的交流方式。孩子们运用灯光、声音、动态、颜色和图像来表达信息、唤起感情并激发灵感。通过传媒艺术，孩子们拥有几乎无限的机会，坐在教室和家中探索整个世界和宇宙。

● 活动设计

经教师和孩子测试的活动呈现在两页的布局中，以便于使用。每项活动包括：

1. 内容：相关STEAM教育学科领域以下划线标注了出来，并写出是否有关语言和社会学科。
2. 材料：包含一个完整的、易于获取的材料列表。
3. 安全提示：基于建议、常识和教师的经验。
4. 准备：提示经过时间测试，以节省时间并让热情的孩子们快速参与进来。
5. 步骤：循序渐进的方法让孩子们参与并帮助他们成功。
6. 辅助提示：通过一些方式减少或避免孩子们可能遇到的问题。

7. 探索有趣的事实：一些特殊的事实旨在引起孩子的注意，增加探究、学习和创意思维的机会。

8. 虚构和非虚构书籍列表。

9. 线上资源列表：网站和应用程序。

10. 基于标准的表格。

● 推荐资源

请参阅《STEAM艺术养育：为孩子创造沉浸艺术的STEAM跨学科学习体验》书籍介绍，了解关于各项标准的名称、描述和链接，以及每项活动相关的内容学习、成长与性情。

请见第3章，适用于0—3岁幼儿的前期艺术体验，以让年龄较大的孩子为第4—8章的艺术活动做好准备。

第 **4** 章

视觉艺术

防腐水族箱

■ **科学、艺术**：通过制作防腐瓶鱼缸，孩子们学习类似自然栖息地的鱼类水族箱环境，以及关于不同的鱼类。他们也在运用剪裁和绘画技能时发挥创造力来开发艺术品。

■ **材料**：循环利用的带盖防腐瓶、透明塑料薄片、彩色极细与精细记号笔、卡片纸、剪刀和水族箱图片。

■ **安全**：在孩子们剪裁透明塑料薄片时帮助并监督他们。

图片 4.1
防腐水族箱

■ **准备：**

1. 在项目前几周收集中型或大型防腐容器（*每名孩子一个*）。请家长帮助收集。提醒家长清空容器中的东西并除去标签。含有丙酮的指甲油去除剂有助于除掉标签。

2. 准备一个空箱子用于投递，放置于家长、孩子容易接近的地方。

3. 使用卡片纸，剪出适合水箱的配件模板，通过围绕容器的底部、从一侧的瓶肩起到另一侧的瓶肩为止在纸上描线。为孩子们剪出这些模板，让他们用于制作添加附件。

4. 将塑料薄片剪切成较小片，让孩子们更容易操作。

5. 取下防腐容器的盖子，并妥善保管以备之后使用。

■ **步骤：**根据孩子的需求进行指导和帮助。

1. 请分享由露西·考辛斯（Lucy Cousins）创作的《小鱼万岁！》（*Hooray for Fish!*），并谈论孩子们想为水族箱绘制的各种鱼类。向孩子们展示水族箱的图片，询问他们看见了水箱中的什么。他们可能看见了鱼、水、水草、沙子或贝壳。告诉他们要使水族箱简单化，因为容器很小。

2. 给每名孩子一个水箱模板纸和一块透明薄片、极细记号笔和一把剪刀。告诉他们用极细记号笔将模板纸描到透明薄片上。

3. 在他们描好了模板后，告诉他们使用极细记号笔画出他们水箱中的鱼，以及水箱的底部，也就是沙子和贝壳所在的位置。

4. 告诉孩子们用蓝色精细记号笔为底部以上及鱼周围的水涂色。使用绿色记号笔从沙子向上添加水草。

5. 当他们完成了水族箱场景时，告诉他们剪出模板形状。

6. 现在他们准备完成了水族箱的形状，让他们向内卷好薄片，并把它推入容器中。您可能需要先进行演示。告诉他们小心不要折叠或让薄片产生褶皱。当他们把薄片推下去时，它会展开并融入容器中。

7. 找一个特殊的地方来展示水族箱，比如窗台，这样光线就会透过透明薄片并照亮它。

8. 鼓励孩子们为他们的鱼取名字，并写一个故事。他们可以一边展示他们的水族箱一边分享这个故事。您也可以以视频的方式记录，这样孩子们可以重复地观看这些故事。

■ **辅助提示：**

◆ 请准备多余的透明薄片，以备出错时使用。

◆ 比起透明薄片，一些孩子可能更喜欢使用白纸。

◆ 在演示如何操作之前，练习怎样卷放入水箱的完成品。

◆ 围绕容器画模板时，把它缩小一点。在顶部留一个中心标签以便于剪除。可以让孩子们制作多个水族箱场景，让他们可以更换。

■ **探索有趣的事实：** 用于激励和启发进一步学习。

◆ 鱼摆动尾巴以在水中游动，用鳍掌控方向。

◆ 宠物鱼需要每天少量地喂食。

◆ 有记录的最大金鱼测量数据为47.4厘米。

◆ 金鱼是鲤鱼科的一员，生长速度快，需要很大的空间来游动。

◆ 一些种类的鱼会飞，另一些会爬树。鱼的种类超过30,000种。

表格4.1 孩子们能由防腐水族箱学习什么

视觉艺术：
1. 发展在小表面上描图和绘画的能力。
2. 将完成的防腐水族箱的鱼与彩色照片的鱼及它们的环境相比较，并阐述相似与不同点。
3. 判断用于描图或绘制鱼和环境的各种线条形状。
科学：
1. 探索有关不同种类鱼的结构情况，包括大小、颜色和眼睛位置。
2. 确定鱼类的环境需求，包括保护小鱼、躲避捕食者以及寻找或捕食。
3. 研究生活在池塘、湖泊和海洋中吸引不同种鱼类的沉水植物的类型及其对生存的作用。
语言：
1. 描述学习的图片和完成作品中的相关叙述性细节。
2. 遵循一步、两步和多步说明。
3. 解释环境如何危害或帮助鱼类的生存。

基于美国幼儿教育协会、美国共同核心州立标准、新一代科学教育标准、美国核心艺术标准

精巧冰箱贴

■ **科学、艺术**：制作精巧冰箱贴，让孩子们学习三维雕塑、颜色、形状、质地以及自我表达。他们还学习关于磁铁、解决问题，并发展精细运动技能。

■ **材料**：风干黏土或软陶泥（每个孩子两块高尔夫球大小）、擀面杖、小的圆形磁铁、圆形饼干模具、胶水、黏土工具（牙签、工艺橡皮图章、意大利面、塑料叉子、记号笔盖、网球鞋底，以及其他工具）、蛋彩或丙烯颜料（可选）、颜料刷、水、装水碗。

■ **安全**：如果与年幼的孩子作业，请选择对儿童安全的黏土，例如绘儿乐（Crayola）。

■ **准备**：为每名孩子将黏土分成高尔夫球大小的两块。展示一些著名雕

图片 4.2
精巧冰箱贴

塑和雕塑家的图片。

■ **步骤**：根据孩子的需求进行指导和帮助。

1. 用手或擀面杖将黏土压平至大约1.27厘米厚的圆片状。

2. 使用饼干模具切出黏土的形状。模具尺寸应大于磁铁。

3. 演示如何用一些工具增加黏土的纹理质地。

4. 根据包装上的说明，烘烤黏土或将其晾干。

5. 在这些黏土块干燥后，使用蛋彩或丙烯颜料来为他们的艺术品增加细节。彩色黏土可以不涂色使用。

6. 颜料干燥后，将作品翻转，将磁铁粘在其背面。待其干燥。然后让他们在教室中测试他们认为磁铁会吸附的物体。收集一篮子他们可以测试的物品。请确保使用一些磁铁吸引和一些不吸引的物体。

7. 在孩子们展示和讨论他们的作品后，请他们将磁铁带回家，让家长用于把带回家的艺术作品固定在冰箱上。

■ 辅助提示：

◆ 告诉孩子们不要将添加纹理的工具在黏土上压得过深。

◆ 软陶泥需要用烤箱以135摄氏度烘烤以使用。它可以在任何工艺品店和折扣商店买到。这种黏土经久耐用，有多种颜色可选，并且价格实惠。有一些品牌可供选择。

◆ 如果您使用不同颜色的软陶泥，请在他们的桌上准备湿纸巾。

◆ 在售的还有其他种类的风干黏土。有一些黏土是专为年幼儿童使用所制作的，如您正与相对应年龄段儿童工作可以选用。

◆ 揉捏黏土可以锻炼孩子手部的小肌肉，这会帮助他们进行手写、剪切和其他需要小肌肉控制的项目。

◆ 准备好塑料袋以存放未使用或剩余的黏土。

■ 探索有趣的事实：用于激励和启发进一步学习。

◆ 结构可用许多材料雕塑而成，例如黏土、沙子和水、黄油、冰。

◆ 石器时代的人们发现黏土在加热后变得更加坚固，因为他们在黏土地上生火，火熄灭后他们发现了这一现象。

◆ 地球被认为是一块大磁铁。它的北极和南极是磁性的。

◆ 您在这个艺术项目中使用的磁铁比地球的磁力强。

◆ 指南针能够运作是因为一块微小磁铁，它总是指向北方。

◆ 磁铁可以推开磁性物体或将磁性物体拉向它们。

美丽的塑料瓶手环

■ 科学、艺术、语言：通过制作塑料瓶手环，孩子们学习关于升级再造/回收利用的重要性、创意、设计、混色、探索艺术材料以及自我表达。

■ **材料**：带凸脊的透明塑料水瓶、记号笔、亮片、蛋彩或丙烯颜料、颜料刷、水钻贴纸、剪刀、胶水

表格4.2　**孩子们能由精巧冰箱贴学习什么**

视觉艺术：
1. 认识三维物体具有高度、宽度和深度。
2. 认识原色和二次色。
3. 自主设计，或模仿自然物和人造设计。
4. 通过添加不同材料和使用不同工具来创造纹理效果。
科学：
1. 调查不同磁铁的强度差异。
2. 参与解决问题和因果关系。
3. 确定与磁铁相隔绝和吸引的材料。

基于美国幼儿教育协会、美国共同核心州立标准、新一代科学教育标准、美国核心艺术标准

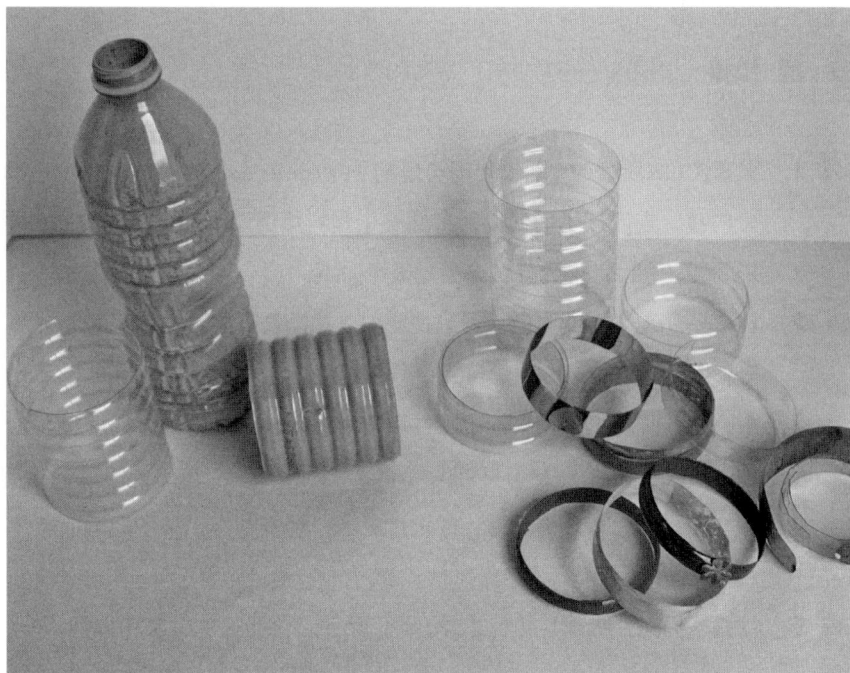

图片4.3
美丽的塑料瓶手环

■ 准备：

1. 收集、清洁并去除透明水瓶上的标签。在开学时，向家长们提供一份可回收用于艺术项目物品的清单。为家长、孩子以及其他想要贡献的人们放置一个物品投递箱在容易接近的地方。

2. 大多数矿泉水瓶都沿着瓶身有几处凸脊。提前从瓶子上剪出这些凸脊部分。这些部分会变成手环。若您收集的瓶子没有凸脊，将手环剪成您认为适合该年龄孩子的宽度即可。请确保在给孩子们之前，修剪掉锋利的边缘。如果是年龄较大的孩子们，您可以用美工刀在塑料瓶上剪一个口子，然后让他们插入剪刀将其剪开。

3. 分享由艾莉森·因切斯（Alison Inches）所作的《塑料瓶历险记：一个关于回收利用的故事》（*The Adventures of a Plastic Bottle: A Story About Recycling*），并讨论回收利用的重要性，以及每个孩子可以如何提供帮助。

■ 步骤：根据孩子的需求进行指导和帮助。

1. 分享由DK所著的《回收利用与重制》（*Recycle and Remake*）一书的部分内容，告诉孩子们他们即将把一个塑料瓶重制（升级再造）成美丽的手环。询问他们为什么这会是很棒的事。

2. 让孩子们用颜料或彩色记号笔在塑料水瓶凸脊环内涂色。记号笔会带来彩绘玻璃的效果，但颜料会更有覆盖力。

3. 小亮片、工艺水钻和其他小物件可以粘贴在外部，以增添闪烁感。亮片也可以粘在瓶子凸脊环内部。请确保晾干。

4. 因为塑料瓶上有几个凸脊，或大片的塑料用于制作，孩子们可以制作和佩戴多个手环。

5. 让孩子们充分佩戴、展示并讨论他们用来装饰手环的颜色和物件。

■ 辅助提示：

◆ 水瓶内部可以用任意色彩的喷绘颜料上色。在其内部喷绘可以防止颜料剥落或被擦掉，加快项目完成。

◆ 图片和文字也可以从杂志上剪下，面朝下贴进塑料水瓶环的凸脊部分。

◆ 保留并存放剪下的剩余部分用于其他的艺术项目。

◆ 手环宽度可为1—4指。请查看该年龄层适用的大小。

■ 探索有趣的事实：用于激励和启发进一步学习。

◆ 美国人每年扔掉约350亿个塑料瓶。

◆ 只有五分之一的塑料瓶被回收利用。

◆ 美国人消耗超过86亿加仑的瓶装水。

◆ 塑料水瓶需要大约400—1,000年才能分解。

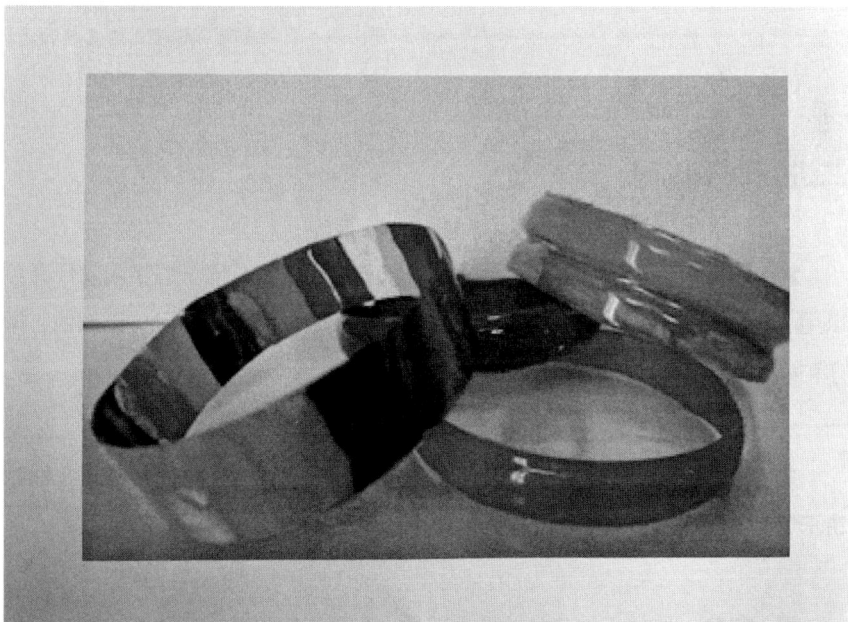

图片4.4
斯凯勒喜爱她美丽的塑料瓶手环

◆ 制造瓶子所需的水是装满瓶子所需的三倍。

◆ 考古学家发现了7,000年前古埃及手镯的证明。

表格4.3 孩子们能由美丽的塑料瓶手环学习什么

视觉艺术：

1. 混合色彩以制作新的深浅色。
2. 探讨不同颜色的效果。
3. 学习制造彩绘玻璃效果的方法。
4. 使用三维物体，包括工艺宝石和亮片作为装饰。
5. 试验各种颜色和装饰品来确定表达想法的方式。

科学：

1. 建立关于回收利用及其影响的认识。
2. 观察并汇集关于回收利用/升级再造的想法。
3. 探索和试验关于回收利用/升级再造的设计和创意。

语言：

1. 复述和阐述产生不同效果的步骤和材料。
2. 使用新学习的有关艺术材料的词汇。
3. 学习与他人分享发言时间。

基于美国幼儿教育协会、美国共同核心州立标准、新一代科学教育标准、美国核心艺术标准

二进制珠子编码

■ **工程、艺术、数学：**通过创造珠子编码名字，孩子们学习大任务可以用小步骤完成，比如计算机二进制编码（0和1）。他们还学习关于颜色、排序和模式。

■ **材料：**小马珠（每名孩子两种颜色）、胶水、黑色极细记号笔、铝制饼干烤盘或迷你松饼蛋糕烤盘、网上代表字母的Ascii二进制编码密钥。

■ **安全：**监督年幼儿童处理小部件。在通风良好且远离孩子的地方熔化珠子。

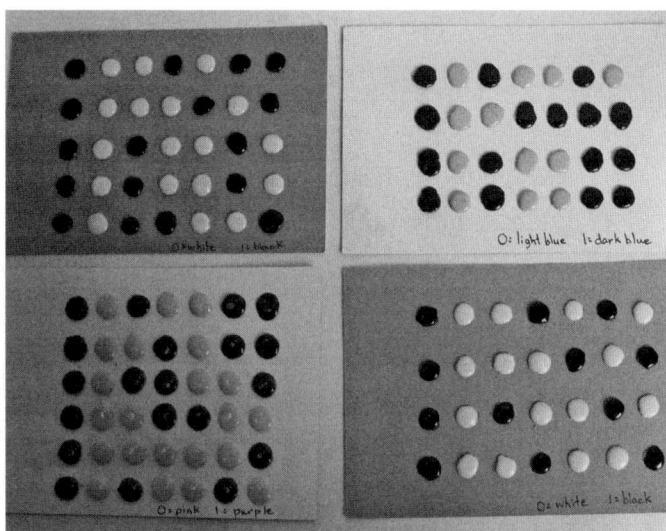

图片 4.5
二进制珠子编码

■ **准备:**

1. 允许孩子们自己选择两种颜色的小马珠,并使用一张表示字母的二进制编码表,以数出他们的名字所需的珠子数量。孩子们将代表他们名字的珠子放在迷你松饼蛋糕烤盘杯中。每杯一颗珠子。也可使用饼干烤盘,只要珠子互不接触。

2. 在预热至约232摄氏度的烤箱中熔化小马珠,5—10分钟至其变平。待其冷却。

3. 分享由琳达·刘卡斯(Linda Liukas)所著的《你好露比:编码冒险记》(*Hello Ruby: Adventures in Coding*),并讲述她怎样解决一个大问题,以及如何将问题分解成有序和有模式的小步骤。告诉孩子们他们也即将进行编码。

■ **步骤:** 根据孩子的需求进行指导和帮助。

1. 告诉孩子们他们将使用珠子来编码出自己的名字。让他们用字母二进制编码表数出制作名字所需两种颜色的熔化珠子数量。

2. 让学生们将代表他们名字字母的两种颜色的熔化珠子粘贴在卡片纸

上。孩子们应在卡片纸的背面写上自己的名字，并在其正面写上脚注，标明哪种颜色代表0，哪种代表1。

3. 在孩子们完成名字编码且胶水完全干燥后，让他们将编码名字放在房间各处，请小心不要让同学们看到写在背面的名字。

4. 提供给学生们编码表，让他们看看是否能解出代码，知道正在看的是谁的名字。或许让每名孩子解码三个名字。您可能需要创建一个表单记录他们的答案。

5. 在所有的孩子都破译了名字编码后，让孩子们显示背面所写的名字。

6. 让孩子们分享他们是如何解码名字的，并询问他们还可以用哪些物品来为名字编码。询问他们是否可以想出其他可以使用编码的方式。

■ **辅助提示：**

◆ 使用迷你松饼蛋糕烤盘来将珠子放在烤箱中熔化会更容易，因为不需要箔纸，并且它们不会像在饼干烤盘上那样滚动。

◆ 在网络上有许多免费的字母编码表。

■ **探索有趣的事实：** 用于激励和启发进一步学习。

◆ 游戏产业使用编码且价值300亿美元。

◆ 许多最优秀的编码员从儿时起就学习编码。

◆ 编码语言的种类数以千计，比如有JavaScript和HTML。

◆ 苹果公司（Apple）的联合创始人［史蒂夫·乔布斯和斯蒂夫·沃兹尼亚克（Steve Jobs and Steve Wozniak）］都从青少年时期就开始了编程生涯。

◆ 几乎任何由电力驱动的东西都需要编码。

◆ 许多影响我们的数字世界的人都是从写游戏编码开始的。

表格4.4　孩子们能由二进制珠子编码学习什么

视觉艺术：   1. 使用两种颜色创建二进制代码。   2. 通过制作和使用排序和模式来创造意义。
工程：   1. 深入了解二进制代码的许多功用。   2. 试验使用二进制代码来代表数字和词语。   3. 使用Ascii二进制代码密钥来记录名字。   4. 学习Ascii代码密钥来破解代码。   5. 设计一个Ascii二进制代码密钥。
科学：   1. 探索使用数字"0"和"1"来创建或读取二进制代码的方法。   2. 将物体分组为有意义的模式来创建二进制代码。   3. 以十进制和二进制解决问题。
语言：   1. 运用与二进制编码相关的词汇。   2. 描述二进制编码被工程师和科学家使用的多种方式。   3. 研究运用二进制代码来沟通信息的熟悉事物。   4. 运用原创思维创建代码以与朋友一起使用。   5. 用其他代码进行开发，例如摩尔斯电码和盲文。   6. 探讨代码的多种用途。

基于美国幼儿教育协会、美国共同核心州立标准、新一代科学教育标准、美国核心艺术标准

塑料瓶底花束

■ **科学、艺术、语言**：通过制作塑料瓶底花束，孩子们学习花朵的组成部分、生命周期、颜色、形状、计数，以及它们的颜色与气味如何吸引和驱逐昆虫。他们还学习自我表达、著名艺术家的风格、发展精细运动技能，以及学习相关词汇。

■ **材料**：纯净水、汽水或绿茶的塑料瓶、胶水、手工劳作纸、卡片纸、颜料、颜料刷、剪刀

图片 4.6
塑料瓶底花束

■ **安全**：注意孩子们使用剪刀剪塑料瓶时的情况。教师应为年幼的孩子们剪下塑料。

■ **准备**：

1. 收集塑料瓶（每名孩子3—5个及多余备用）。询问家长帮助收集。在家长、孩子或其他想要贡献的人们容易接近的地方放置投递箱。请提醒他们在投递前清洗并擦干瓶子。

2. 在将塑料瓶给孩子们之前，提前在靠近瓶底的位置剪开一个口子。这给了孩子们一个开口来插入剪刀剪出瓶底。请为年幼的孩子们剪出瓶底。修剪掉那些锋利的边缘，并告诉年龄较大的儿童小心边缘部分。

3. 讨论花朵的组成部分，并向他们展示文森特·梵高（Vincent Van Gogh）的《向日葵》（*Sunflowers*）与乔治亚·欧姬芙（Georgia O'Keeffe）的《曼陀罗花/白花1号》（*Jimson Weed/White Flower No.1*）画作图片。

4. 选择要在活动中强调的词汇、字母和口语语音。

5. 分享由洛伊丝·埃勒特（Lois Ehlert）所著的《种彩虹》（*Planting a Rainbow*），并询问孩子们在书中看到的颜色和形状。请他们告诉您这些颜色开头的一个或多个字母以及他们的发音（二合字母：白色white）（混合音：黑色black、蓝色blue、绿色green、棕色brown、灰色gray）。发音取决于孩子的年龄层。

■ **步骤**：根据孩子的需求进行指导和帮助。

1. 说出活动的目标并展示一个样品。让孩子们回想《种彩虹》中的颜色，并分享网上色彩缤纷的花朵图片以激发灵感。给每名孩子至少3个塑料瓶底。告诉他们从瓶底内部面朝上开始，由中心向外涂颜料。花瓣和花朵的中心可以有多种颜色，例如黑色的中心，然后是白色，接着是深紫色、浅紫色。让孩子们连续地画，直到画完3—5朵花。待其干燥。

2. 在花朵颜料干燥的过程中，让他们使用手工劳作纸剪出花瓶的形状（长方形、正方形、碗状）。提醒他们为花朵留出空间。将花瓶粘在靠近卡片纸底部的位置。待其干燥。

3. 在花朵干燥后，将它们有颜料的一面朝下粘在花瓶上方。干燥后，用颜料、记号笔或手工劳作纸添加花茎和叶子。

4. 可以用记号笔或蜡笔以及粘贴亮片为花瓶增加一些设计。

5. 展示孩子们的作品，请他们谈一谈使用的颜色以及他们的艺术作品的名字。

6. 让他们写下或口述关于这瓶花朵的一句话，并与班级分享。

■ **辅助提示**：

◆ 请确保没有会割伤孩子的锋利边缘。

◆ 为孩子们准备多余的塑料瓶底，以备做错时使用。

■ **探索有趣的事实**：用于激励和启发进一步学习。

◆ 不是所有花都有好闻的味道，有些花闻起来是臭臭的。

◆ 向日葵白天随着太阳的东西向移动而转动。

◆ 月光花只在夜晚开花，白天闭合。

◆ 玫瑰与苹果、梨、覆盆子、樱桃、桃子和杏子属于同一科植物。

◆ 西兰花确切来说是一种花。如果任其生长，它的花部会变成许多黄色的小花。

◆ 有多种兰花不需要土壤即可生长，它们从空气中获取营养。

◆ 梵高完成了11幅向日葵画作。他对向日葵很着迷。

◆ 有许多花类看起来像其他的事物，如飞鸭兰、鸽子兰、猴面兰、襁褓中的娃娃（安古兰）。

表格4.5 孩子们能由塑料瓶底花束学习什么

视觉艺术： 1. 为各种形状涂色，使其看起来像花朵的组成部分。 2. 使用原色和二次色来达到效果。 3. 确定用多种线条和颜色来表现花朵各部分的方法。 4. 学习专业艺术家使用各种线条和颜色来创造效果的方式。 5. 比较一个完成的项目与著名艺术家所用线条、形状和颜色的异同。
科学： 1. 辨认花朵的不同部分。 2. 研究花朵的各个部分及功能：花瓣、茎、雌蕊、雄蕊、萼片。 3. 探究昆虫和风对花朵各部分的影响，包括授粉和散播种子。
语言： 1. 朗读并理解花朵的各个部分及功能。 2. 在口语和听力中学习及使用关于花朵不同部分和功能的词汇。 3. 观看一系列花类的形状、数量、颜色、大小、质地和图案。 4. 分享并阐述为表现花朵的各部分，对不同颜色的选择和定位。 5. 倾听并关注他人的想法。

基于美国幼儿教育协会、美国共同核心州立标准、新一代科学教育标准、美国核心艺术标准

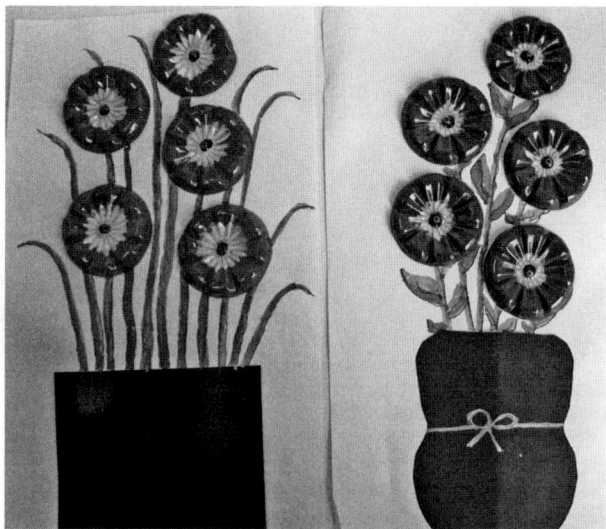

图片 4.7
罗斯与斯凯勒的塑料瓶
底花束制作起来很有趣

谷类食物风景画

■ **科学、艺术、语言、社会学科**：创作谷类食物风景画，孩子们学习山川河流等地貌，以及艺术词汇，包括质地、阴影、混色、前景、背景和透视。

■ **材料**：彩色谷类食物［例如果脆圈（Froot Loops）］、白胶、半张卡片纸或其他厚纸张（海报、包装纸）、铅笔

■ **安全**：在孩子们处理谷类食物时进行监督。

■ **准备**：

1. 购买一盒有多种颜色的谷类食物，例如果脆圈，让孩子们按颜色将谷类食物分类至容器中。可以使用纸杯。

2. 留下一些完整的谷类食物，其他的按颜色磨碎。为此，请在桌上放置一张蜡纸，并提供一个擀面仗或碗和研杵让儿童使用。时常让孩子们停下来将磨碎的谷类食物按颜色倒进容器中。

图片 4.8
谷类食物风景画

■ **步骤**：根据孩子的需求进行指导和帮助。

1. 介绍前景、中景和背景并展示图片。让孩子们使用铅笔，在半张卡片纸上描绘出简单的小风景画轮廓（地平线、树木、水、沙子、山脉或草地、太阳）。询问他们认为我们为何要为这幅场景磨碎一些谷类食物。

2. 在勾勒出轮廓后，讨论在他们描绘的每个区域可以见到的颜色。让他们首先在一块区域涂上白胶，例如水，然后在上面撒上有色谷类食物粉。可以通过在一些区域使用多种颜色来实现层次。将胶水涂在另一区域并填充。完整的谷类食物可以用于勾勒一种元素，例如树冠。继续涂胶并填充直到场景被填满。

3. 在其干燥后，让孩子们分享他们的场景，并讨论运用的大地元素和选用来强调它们的颜色及理由。提出各种问题来促进他们的思考。询问他们下次会在哪些方面做得不同及原因。

■ 辅助提示：

◆ 在纸下使用蜡纸接住谷类食物的细碎粉以便可以再次使用。提醒孩子们在研磨谷类食物时保持整洁。

◆ 在孩子们参与项目时监督他们，确保他们不吃粘有胶水的谷类食物。

◆ 如果您发现他们在吃谷类食物，请制作一小杯他们可以食用的谷类食物，并告诉他们其他容器是仅用于艺术项目的。

◆ 将一张蜡纸放在完成的场景上轻拍并丢弃，让研磨物接触到胶水。您可能需要为他们完成这一步，尤其是如果孩子较为年幼。

■ 探索有趣的事实：用于激励和启发进一步学习。

◆ 地貌可以在几年或几百万年内形成。

◆ 地形构成了地球的表面，大到海洋，小到水坑。

◆ 地貌学，作为地质学的一个分支，研究地形、地貌及其形成过程。

◆ 登上月球的阿波罗11号宇航员在飞船上吃了家乐氏（Kellogg's）玉米片。

◆ 50%的美国人每天吃谷类食物：每人每年160碗，每年27亿包。

◆ 世界最高峰是珠穆朗玛峰，它位于中国和尼泊尔。

◆ 果脆圈最初只有3种颜色，红色、黄色和橘色；后来添加了绿色、紫色和蓝色。

◆ 一蒲式耳小麦可以生产53盒谷类食物。

表格4.6 孩子们能由谷类食物风景画学习什么

视觉艺术：

1. 制作锯齿形、波浪形、螺旋形、水平、垂直和粗与细的线条来创造风景画与地貌并增添细节。
2. 为不同的风景效果混合和试验各种颜色与质地。
3. 识别颜色和质地对前景与背景图像的影响。
4. 探索不同方式来表现地平线。
5. 观看世界各地的地貌图片。
6. 判断地平线、前景、中景和背景可以用多少种方式通过艺术表现出来。

续表

科学：

1. 观察并讨论风景和地貌中的各种元素。

2. 注意各种地貌的比例。

3. 调查气候对地貌的影响。

4. 确定增强和塑造自然与人造风景的地貌特征，例如海洋、溪流、田野、丘陵和山脉。

语言：

1. 讨论前景和背景图像如何吸引人们对图片的注意。

2. 在完成、讨论或分享图片时使用丰富的词汇。

3. 阐述想法、工作和解决问题的努力。

4. 阅读有关地貌的内容并查看相关图片。

基于美国幼儿教育协会、美国共同核心州立标准、新一代科学教育标准、美国核心艺术标准

化学反应卡片

■ **科学、工程、艺术和语言**：通过化学反应卡片的创作，孩子们学习化学反应过程中会发生什么，它如何导致颜色的混合并制作一个新颜色。他们也学习关于颜色、形状及一系列创作艺术的材料使用。

■ **材料**：食用色素、白色卡片纸（每2—4名孩子一张）、滴管（每名孩子一个）、香料瓶、小苏打、醋、软刷（例如腮红刷）、纸巾、精细黑色记号笔

■ **安全**：帮助孩子们使用滴管装醋。在孩子们处理醋时进行监督。

■ **准备**：

1. 收集香料瓶（每桌1—3个）。请家长帮助收集。在家长、孩子和其他愿意贡献的人们容易接近的地方放置一个投递箱。请提醒他们投递前将其清洗并擦干。

2. 将塑料桌布铺在桌子上。

3. 在每个桌子上放置材料，包括装有少许醋的小碗、至少一个装有至多

半满量小苏打的香料瓶。

4. 将卡片纸剪成两半，这样每名孩子得到半张纸。

■ **步骤：** 根据孩子的需求进行指导和帮助。

1. 告诉孩子们他们将要制造化学反应，并学习物质的特性以及它们如何相互作用、结合与变化。理解这一点有助于他们预测不同类型的物质会如何相互反应。

2. 让孩子们将他们的纸张对折，接着在折纸的一面抖落薄薄的一层小苏打。由于每张桌子分享一个香料瓶，留给他们时间撒上小苏打再进行至下一步。

3. 现在孩子们使用食用色素瓶将不同的颜色滴在小苏打卡片上。告诉他们在不同颜色之间留一点空间，不要让它们离得太近。

4. 告诉孩子们挤压滴管，吸取一点醋在滴管中。您可能需要演示这一步。

5. 在这里停一下，询问孩子们他们认为在小苏打和食用色素卡片上滴一

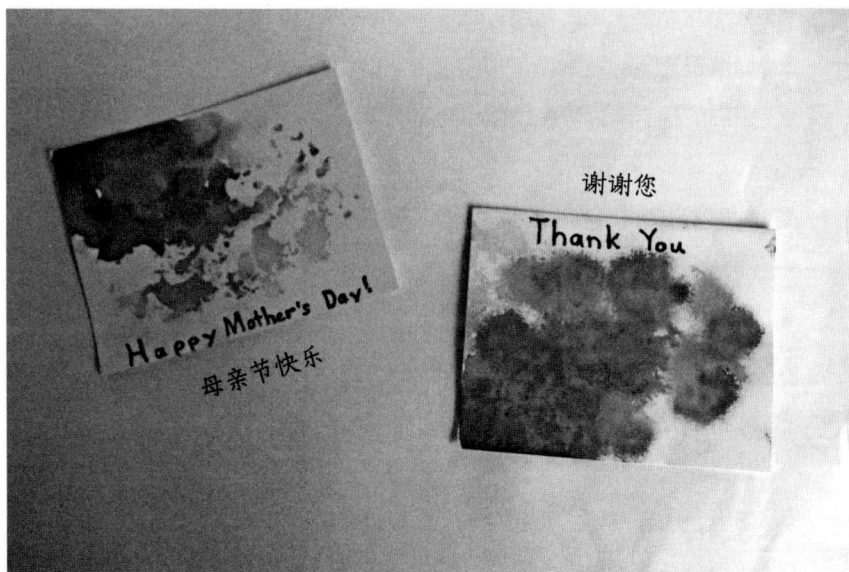

图片 4.9
化学反应卡片

滴醋会发生什么。

6. 让他们将醋滴在卡片上的不同颜色之间，并观察醋与小苏打之间的化学反应以及颜色的混合。告诉孩子们他们刚刚制造了化学反应。他们会继续在纸上滴醋，直至他们对自己的设计满意。请确保他们不要过度进行这一步，因为它会变得浑浊。

7. 在他们完成后，让他们讲述发生了什么以及他们认为发生的原因。鼓励使用科学类词汇，比如化学反应。

8. 等待卡片完全干燥，并使用软刷去除剩余的小苏打。

9. 使用黑色耐久性记号笔写下一句寄语，例如母亲节快乐、生日快乐和谢谢您。如果孩子太小，不能在卡片的正面写上信息，请让他们口述给您。

■ **辅助提示：**

◆ 将食用色素之间留出空间，因为颜色太多太靠近会使颜色变浑浊。

◆ 将小苏打放入再利用的香料瓶中，以便孩子们使用和存放。

◆ 在卡片完全干燥后，用软刷刷掉小苏打。

◆ 请准备充足的纸巾。

◆ 空白的预制卡片可在工艺品商店购买。

■ **探索有趣的事实**：用于激励和启发进一步学习。

◆ 火箭由液氢和液氧结合的化学反应推动。

◆ 当您进食时，身体会利用化学反应将食物转化为能量。

◆ 化学反应是指两种反应物结合并形成新产物。

◆ 如果您在水瓶里放一点醋，在气球里放入小苏打，接着把气球套在瓶口上，小苏打和醋混合会产生二氧化碳并使气球膨胀。

◆ 蓝色曾被认为是代表较低社会阶级的颜色，但是现在它是美国最喜欢的颜色。

◆ 红色是婴儿看到的第一种颜色。

◆ 蚊子被深色吸引，尤其是蓝色。

表格4.7 孩子们能由化学反应卡片学习什么

视觉艺术：
1. 通过用小苏打和醋产生化学反应来制作随机图案。
2. 说出将醋加入小苏打时形成的形状。
3. 观看颜色混合来创造新颜色的过程。
4. 注意化学反应过程中变化而成的图案。

科学：
1. 讨论化学反应，使用重要的词汇，例如原子、分子、元素、化合物、氢、氧、键、酸和碱等。
2. 研究化学反应是如何发生的。
3. 判断化学反应的例子。
4. 观察并寻找室内与室外的化学反应示例。

语言：
1. 学习化学反应的定义。
2. 将化学反应这一术语分解为反应物与生成物。
3. 讨论将醋加入小苏打时的反应以及引起反应的原因。
4. 描述化学反应的生成物。

基于美国幼儿教育协会、美国共同核心州立标准、新一代科学教育标准、美国核心艺术标准

筷子指读棒

■ **科学、艺术和语言**：通过构建筷子教学棒，孩子们学习操作黏土、混合和试验各种颜色、设计、质地、形状、平衡、自我表达、发展精细运动技能，以及使用各种成分制作混合物。他们也学习印刷的概念、从左至右的顺序以及流畅性。

■ **材料**：木制筷子（每名孩子一支）、丙烯颜料、颜料刷、自制或购买风干黏土、密封小容器、擀面杖、耐久性记号笔、有纹理质地的物品（例如：牙签、消毒旧牙刷、消毒网球鞋底、底部有纹理的快餐薄饼煎盘、印章）、用于纹理质地的物品（细砂纸、蜡纸和封层剂）

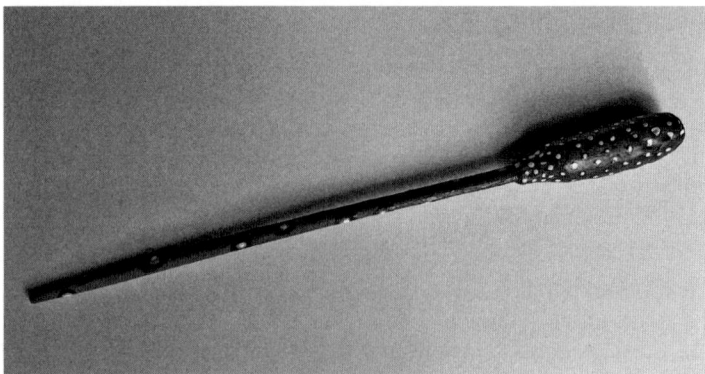

图片 4.10
筷子指读棒

■ **安全**：使用黏土和木制筷子时监督年幼儿童。

■ **准备**：

1. 为项目收集筷子。让家长协助收集。请确保在家长和孩子们易于接近的地方放置一个收集箱以投递筷子。

2. 如果筷子是新的，将其分开成单支的，并磨掉粗糙的边缘。请准备一些多余的备用筷子。

3. 若您使用的是自制风干黏土，请制作并将其放置于密封容器中。如果您不制作黏土，有许多可供幼儿使用的风干黏土在售，请购买并分装至较小的密封容器中。请为每名孩子准备一个装有黏土的容器。

4. 为每名孩子撕下一张蜡纸，其大小足以铺开他们的黏土。

■ **步骤**：根据孩子的需求进行指导和帮助。

1. 将颜料、颜料刷，以及其他绘画工具放在桌上，之后给每名孩子一支筷子。告诉孩子们使用颜料为他们的筷子创造一个特别的设计。让他们自由地探索、混色并用颜料刷、手指或选择的其他任意工具涂颜料。放置24小时以待其干燥。

2. 筷子干燥后，将筷子再次给孩子们，并给他们装有自制或购买风干黏土的密封容器与一张蜡纸。将擀面杖、牙签与其他制作纹理工具放在桌上。

3. 告诉孩子们他们将在蜡纸上擀开黏土，并让它有纹理质地，这样它可以包裹在筷子方形的一端作为手柄。

4. 演示可以如何运用牙签和其他制作纹理质地物品为手柄添加设计效果。如果他们使用网球鞋底，请确保它是干净的。

5. 在黏土块有纹理后，向他们展示怎样用黏土块进行包裹，将光滑的一面朝向木头，包裹在筷子方形的一端。在孩子们有需要时进行协助。让黏土完全干燥。这将需要几天时间。

6. 在黏土干燥后，让他们为手柄涂色。向孩子们展示他们可以怎样为手柄涂色，拿一张纸巾，擦掉顶层的颜料，留下黏土中有纹理部分的颜料。

7. 在孩子们对他们的设计感到满意后，让它们完全干燥。然后，用喷涂式封层剂将手柄及涂色部分封层。如果手柄似乎要脱落，在其内部涂一点胶水并让其干燥。

8. 告诉孩子们他们设计了一个很好的指读棒，可以在全班或某一人读书时指向大书本中的词语。选择一本您拥有的大书本，让一名孩子上前来，在您为他们读书时，用指读棒指向文字。

9. 将孩子们分为两人一组，让他们选择一本书，与搭档轮流朗读和指向书本。他们还可以在全班朗读时将其用于指向图表和单词墙。

■ **辅助提示：**

◆ 为每名孩子准备蜡纸来擀黏土。

◆ 绘儿乐制造风干黏土。塑料零食袋可以用于储存黏土。

◆ 网络上有许多免费的电子书籍，以及其他可以购买的书籍。

■ **探索有趣的事实：** 用于激励和启发进一步学习。

◆ 筷子是约5,000年前在中国发明的。日本、中国和韩国的筷子有着各自的式样。中国的筷子通常比较长，有着方形的柄和圆形的头。日本的筷子较短，从柄到头呈锥形。韩国的筷子由不锈钢制成，是扁平的。

◆ 阅读是对大脑最佳的锻炼。每天阅读20分钟，一年您可以阅读1,800,000个词语并增加您的词汇量，从而提升口语和写作水平。

◆ 阅读提高学习与未来工作所需的思维能力。

◆ 阅读关于不同地方人们的内容可以帮助我们欣赏他人。

表格4.8 孩子们能由筷子指读棒学习什么

视觉艺术：
1. 制作锯齿形、波浪形、螺旋形、水平、垂直、粗与细的线条来创造设计。
2. 探索使用原色与二次色以突出设计。
3. 使用沙子、牙签和牙刷来让黏土有质地。
科学：
1. 混合两种或更多成分以制作混合物。
2. 制作一个模型。
语言：
1. 使用筷子指读棒在阅读时指向字母与词语。

基于美国幼儿教育协会、美国共同核心州立标准、新一代科学教育标准、美国核心艺术标准

图形扮小丑

■ **技术、艺术、数学和语言**：通过创造小丑脸，孩子们学习识别面部特征与位置、对称性、图案、颜色、分类，以及各种二维形状，怎样识别和比较它们。同时，他们发展精细运动技能、粘贴和配色。

■ **材料**：不同尺寸的打孔器（1.27厘米、2.54厘米、3.81厘米、5.08厘米）、不同形状的打孔器（圆形、正方形、长方形、三角形、星形）、手工劳作纸、剪刀、记号笔、蜡笔、蛋彩或丙烯颜料、胶水、视频录制设备

■ **安全**：协助孩子们使用打孔器。监督年幼儿童使用剪刀。

图片 4.11
图形扮小丑

■ **准备：**

1. 让孩子们使用打孔器打出各种尺寸和颜色的不同形状。按尺寸与颜色
   分类放置在不同的容器中。他们将需要多余的形状来反复试验设计。

2. 剪出一些大尺寸的脸型图案，比如椭圆形，他们可以用于描出图案。
   然后，请上网查找表现头发、嘴巴和耳朵的不同形状。每一种可打印
   多份，您或孩子们可将其剪出用于小丑脸。

3. 请为孩子们朗读洛伊丝·埃勒特所作的书籍《彩色动物园》（*Color
   Zoo*），并介绍他们在书中看到的不同形状。准备其中一种动物的不同
   形状范例，演示它是怎样被排列出来的。请一名孩子协助您。查找用
   不同形状制成的小丑脸范例。

■ **步骤：**根据孩子的需求进行指导和帮助。

1. 用打孔机打出足够多的形状后，让孩子们回顾洛伊丝·埃勒特的《彩

色动物园》一书中的内容。向他们展示有形状特征的小丑图片，并请他们将形状指出来。

2. 将脸部图案摆在每张桌子上。给孩子们一张手工劳作纸，并告诉他们用脸型和打孔出的形状在纸上设计一个小丑。提醒他们确定可以成型之后再粘贴形状。例如，他们可能有一个大的椭圆形脸、小的三角形眼睛、一个圆形鼻子和方形嘴巴。向孩子们展示他们可以将形状剪成两半来制作设计。他们可以将圆形剪成两半，用一半部分做嘴巴，或者将一个圆剪成两半用于两只耳朵。

3. 给孩子们时间探索并操作不同形状以设计小丑。他们可以使用记号笔、颜料和/或蜡笔来画眼睫毛、眉毛、头发或瞳孔等小细节。

4. 在孩子们完成后，将他们的小丑摆放展示，并请孩子们为课堂介绍他们的小丑，使用的形状和做出的调整，比如将形状剪成两半。孩子们可以为他们的小丑取名字，并写出或口述一个关于他/她的故事。记录故事与图像一同展示。允许孩子们在读故事内容时互相用带相机的数字设备摄影记录，通过点击摄像机、视频和红色的按钮来录制与停止。

■ **辅助提示：**

◆ 这项活动创意可用于动物，例如洛伊丝·埃勒特的书中那样，或者怪兽、人、汽车、房屋等。

◆ 许多儿童文学选集都在插图中使用各种形状。

◆ 剪裁与操作各种形状会锻炼手部的小肌肉，帮助孩子们进行手写、剪切和其他需要小肌肉控制的项目。

■ **探索有趣的事实：**用于激励和启发进一步学习。

◆ 有一种新形状被称为方圆形，是圆形/方形的混合体，常用于现代汽车设计中。

◆ 工程师在规划城镇时经常使用正方形。

◆ 三角形由于其结构强度，常被用于建筑中。

◆ 轮子（圆形）的发明是人类历史上最重要的发明之一。

表格4.9 孩子们能由图形扮小丑学习什么

视觉艺术： 1. 试验不同颜色与颜色的深浅以创作面部特征。 2. 通过对称与比例创作面部特征。 3. 操作各种形状以实现装饰细节。 4. 一同协作以创建一场小丑表演。
戏剧： 1. 娱乐他人的哑剧滑稽动作。
音乐/动作： 1. 策划一套滑稽动作并搭配马戏团音乐进行表演。
语言： 1. 通过动作交流感受。 2. 阅读有关马戏团小丑的内容并观看图片。 3. 写出或口述一个关于小丑的故事。 4. 描述并说出小丑的面部特征名称。

基于美国幼儿教育协会、美国共同核心州立标准、新一代科学教育标准、美国核心艺术标准

建造三维设计

■ **科学、工程、艺术**：通过建造三维设计，孩子们学习构建三维结构和形状、创造性思考、规划设计、运用自我表达、探索材料、解决问题、测试想法、探索解决方案，以及与现实世界相连接。同时，他们运用语言、发展精细运动技能。

■ **材料**：生意大利面条、木签（去掉尖端）、棒棒糖棒、吸管或木榫、彩色橡皮泥、纸、铅笔、记号笔、剪刀

图片 4.12
玛丽·伊莉丝精心地建造着她的设计

■ **安全**：监督孩子们处理木签和意大利面条。

■ **准备**：

1. 为孩子们收集一系列材料用于搭建结构。为他们准备纸、铅笔、记号笔和剪刀来规划设计。

2. 在网上查找著名建筑与孩子们分享，可打印或下载至智能平板上。可选的建筑：埃菲尔铁塔（Eiffel Tower）、泰姬陵（Taj Mahal）、帝国大厦（Empire State Building）、悉尼歌剧院（Sydney Opera House）、比萨斜塔（Leaning Tower of Pisa）。同时，展示世界各地的桥梁与塔式建筑的图片，以让孩子们观看建筑中使用了哪些形状使其更坚固。

3. 让孩子们讨论建筑，说出最喜爱的建筑及原因，以及认为该建筑使用的材料。询问他们看见建筑中使用了哪些形状，以及认为工程师选择它们的原因。讨论他们所在的城镇或城市中建筑的细节。

■ **步骤：** 根据孩子的需求进行指导和帮助。

1. 分享由安德烈亚·贝蒂（Andrea Beaty）所著的《建筑师伊基·佩克》（Iggy Peck, Architect），并介绍建筑师的工作。

2. 将一系列建造材料与纸张、记号笔、铅笔一同摆放在桌上，告诉孩子们他们现在是设计师。从绘制设计开始。

3. 阐释绘画是二维的，孩子们即将把它变成三维结构。请确保孩子们理解二维与三维的区别。

4. 画完草图后，告诉他们使用桌上的材料创造他们规划的设计。您可能需要演示如何使用胶泥连接意大利面条。

5. 当孩子们通过将生意大利面条与胶泥放在一起做成盒形来开始建造他们的结构时，询问他们如何能让结构更坚固以支撑一座高楼。

6. 请给孩子们试错的时间。他们会在工作过程中面临结构倒塌。提醒他们建筑师在学习过程中可能也是这样，但优秀的建筑师即使在他们受挫时也会从错误中学习。

7. 停下来，让孩子们讨论他们目前为止经历了什么。他们面临的问题是什么，以及他们认为怎样会有所帮助。例如，若在处理连接部分时有一部分倒下，怎样做会起到帮助？他们可能会说："如果有谁能在我制作时扶住它，会起到作用。"现在，给他们与他人组成一对的选项。由他们选择。再试一次。

8. 在作品完成后，让孩子们讨论他们的规划，他们用了哪些设计、使用的形状、发生了什么、做了哪些调整，以及下一次哪些部分会以不同的方式完成，以改进整个过程。

■ **辅助提示：**

◆ 形状很重要。正方形与三角形的组合是最佳的。展示一些图片。

◆ 如果有家长是建筑师，邀请他或她前来交流介绍。

◆ 我们接触过的孩子们似乎更喜爱使用意大利面，因为他们可以轻易地调整长度。

■ **探索有趣的事实**：用于激励和启发进一步学习。

◆ 建筑学是设计与建造建筑物。一些著名的例子是埃菲尔铁塔、泰姬陵、帝国大厦和悉尼歌剧院。

◆ 土木工程师设计的著名桥梁包括伦敦塔桥（Tower Bridge）和金门大桥（Golden Gate Bridge）。

◆ 摩天轮、水上乐园和主题公园以及电影由不同的工程师设计建造，例如建筑师负责建筑、电气工程师负责照明、计算机工程师负责特效。

表格4.10 孩子们能由建造三维设计学习什么

视觉艺术：

1. 使用各种三维材料搭建三维结构。
2. 识别二维与三维艺术材料的区别。
3. 绘制结构设计图。
4. 分析图片中著名建筑用于使其坚固的常见形状，例如希腊帕特农神庙（Greek Parthenon）、纽约双子塔II（New York Twin Towers II）、克利夫兰俄亥俄当代艺术博物馆（Cleveland Ohio Museum of Contemporary Art）、法国埃菲尔铁塔。
5. 探索用于装饰而非加固的二维形状组合。

科学：

1. 运用科学方法（Scientific Method）作为得出结论的有序推进过程。
2. 遵循科学方法的步骤：观察、假设（最佳猜测）、测试、分析结果、再做一次以找出并测试解决方案。
3. 将三维项目的结果与现实世界的结构相联系。

工程：

1. 确定使结构坚固以支撑高度的不同方式。
2. 运用科学方法来指导思考与努力。
3. 组合或拆分形状成为各种新形状。
4. 使用一系列材料和形状来建造结构。
5. 创造与测试纸张制成柱子的坚固度。
6. 验证三角形是最坚固的形状。

语言：

1. 交流创意与经验。

2. 作为个体或团队的一部分与他人讨论问题与成果。

3. 发展与科学方法相关的词汇。

4. 使用关于二维直线形状的词汇：三角形（不等边、等腰、等边、直角）、四边形（正方形、长方形、平行四边形、梯形、菱形）、五边形、六边形和多边形。

5. 使用表述三维直线形状的词汇：四面体、立方体、平行六面体、棱锥体（四边与三边底面）、菱面体。

6. 使用表述二维曲线形状的词汇：圆形、椭圆形、心脏线（心形）、新月形、扇形。

7. 使用表述三维曲线形状的词汇：球体、椭圆体、圆锥体、圆锥台、圆柱体。

8. 注意二维形状是如何嵌入三维结构中的。

基于美国幼儿教育协会、美国共同核心州立标准、新一代科学教育标准、美国核心艺术标准

漂浮的睡莲

■ **科学、艺术、数学**：通过制作一朵睡莲，孩子们可以学习水生植物、花朵的组成部分、植物的生存条件、浮力、估计、混色以及关于植物的词汇。

■ **材料**：塑料冷冻食品盒、一个小塑料汽水瓶底、一个汽水瓶盖（每名孩子一个）、丙烯或蛋彩颜料、胶水、水性底漆（可选）、颜料刷、精细记号笔、每名孩子一张纸条、丙烯密封剂、胶枪、胶棒

■ **安全**：在孩子们使用剪刀、胶水和塑料瓶盖时进行协助和监督。

■ **准备**：

1. 在开展项目的前几个月开始收集回收塑料制品。请家长帮助收集。在您的门外放置一个投递箱。请确保他们在投递前清洗并擦干物品。

2. 用白色水性底漆喷涂塑料制品以节省颜料。让其完全干燥。

3. 阅读詹姆斯·梅休的《凯蒂和睡莲池塘》（*Katie and the Waterlily Pond by James Mayhew*）以及坎迪丝·兰森所著的《花朵的组成》（*Parts of a*

Flower by Candice Ransom）。

4. 向孩子们展示含有睡莲的网页，讲述关于花朵的组成部分以及颜色。询问孩子们植物生长需要什么，以及他们认为对于植物的研究叫做什么。在展示图片时，请确保使用关于植物的词汇，例如植物学、水生植物、叶子、茎、花瓣、种子、光合作用。

■ **步骤：** 根据孩子的需求进行指导和帮助。

1. 分享史蒂芬·帕卡德（Steven Packard）的《克劳德·莫奈：阳光与睡莲》（*Claude Monet: Sunshine and Waterlilies*），讨论孩子们可以怎样用颜料将回收再造物品变得像睡莲。谈谈睡莲的颜色。大多是白色、黄色和粉色，有着黄色的中心和绿叶。

2. 将睡莲的图片放在桌上以获得灵感，让孩子们为叶子（莲叶；冷冻食品盒）、花朵（汽水瓶）、花的中心（汽水瓶）涂色，并待其完全干燥。

3. 待颜料干燥后，用记号笔添加细节，例如叶子上的纹理或中心的小点。

4. 现在，帮助孩子们将各部分粘在一起。将汽水瓶盖粘在汽水瓶底的中心处，以制作成花朵。可使用低温胶枪和胶棒。

5. 花朵干燥后，将完整的花朵粘在莲叶上。花朵可以粘在莲叶（食品盒）的顶部边缘，或粘在容器内的一端。待其干燥。之后，教师应在通风良好的区域用密封剂对完成的花朵进行喷涂。让它完全晾干。

6. 在睡莲干燥后，让孩子们展示和谈论他们为花朵的不同部分使用的颜色及原因（灵感来源）。

7. 给每名孩子一张纸条，让他们写上从这个项目中学到的关于睡莲或花的一件事。

8. 当所有孩子们完成了睡莲项目时，将一个大塑料容器装满水。拿几卷硬币，并说完成的睡莲让您想到一艘船。让孩子们估计或猜测他们的容器可以容纳并保持漂浮的硬币数量。以每名孩子的名字在图表上记录他们的猜想。

9. 让孩子们测试浮力（阿基米德原理：如果放在水中物体的重量小于水

的重量，它就会浮起来），慢慢地向小船中加硬币直至它沉没。根据孩子的估算，记录下沉所需的数量。询问小船会沉没的原因。

■ 辅助提示：

◆ 为年幼孩子们剪下塑料瓶底。

◆ 用密封剂喷涂最终作品，这样您可以用它做其他科学和数学项目。

◆ 使用水桌或水槽可以代替容器。

■ 探索有趣的事实：用于激励和启发进一步学习。

◆ 阿基米德，一位数学家，在公元前287年，在沐浴时为国王找到了解决问题的方法。他从浴缸出来时，他看见了他的身体重量是如何使一定量的水排出。这一原理与确定皇冠是否由纯金制成相关。

◆ 估计是有根据的猜测。

◆ 睡莲是最古老的水生植物之一，它的历史可以追溯到6,500万年前。

◆ 巨大的睡莲叶可以生长到直径1—1.8米。莲叶的底部有刺，以保护它们不被鱼吃掉。莲叶呈椭圆形或心形，漂浮在水面上。

表格4.11　孩子们能由漂浮的睡莲学习什么

视觉艺术：
1. 观察水生植物的图片，以观看著名艺术家使用的颜色与明暗。
2. 观察叶子的颜色、明暗与叶脉，并与伟大的艺术作品相比较。
3. 制作花朵的各个部分。

科学：
1. 想象阿基米德，一位古希腊科学家，走进装满水的浴缸，看着水溢出浴缸边缘流到地上。
2. 将阿基米德关于浴缸的经历与个人经历相联系。
3. 观察为什么一些物品下沉，一些物体漂浮在水中。
4. 探索浮力原理，重的物品将水置换（推开）并使其上涨，较轻的物体漂浮。
5. 根据阿基米德的浴缸经历创建浮力定律。

数学：

1. 估计使莲叶下沉所需的物体数量。

2. 称量单片莲叶下沉所装的物体。

3. 测量其落入水中前后水线至容器顶部的距离。

语言：

1. 描述有关莲花与花朵的事实。

2. 画出并标注莲花与花朵的组成部分。

3. 阅读有关阿基米德和他的科学发现，以及据说他跑过街道大喊"尤里卡"（Eureka）的尴尬时刻。

4. 用图表和图片演说有关浮力的事实。

基于美国幼儿教育协会、美国共同核心州立标准、新一代科学教育标准、美国核心艺术标准

几何艺术交响乐

灵感来自康定斯基（Kandinsky）的《正方形与同心圆》（*Squares with Concentric Circles*）。

■ **艺术、数学：** 通过创作几何艺术，孩子们学习设计、色彩、它们与其他相邻色彩的放置，以及对艺术作品产生的效果。活动也着重于分类、形状、大小，以及培养精细运动技能。

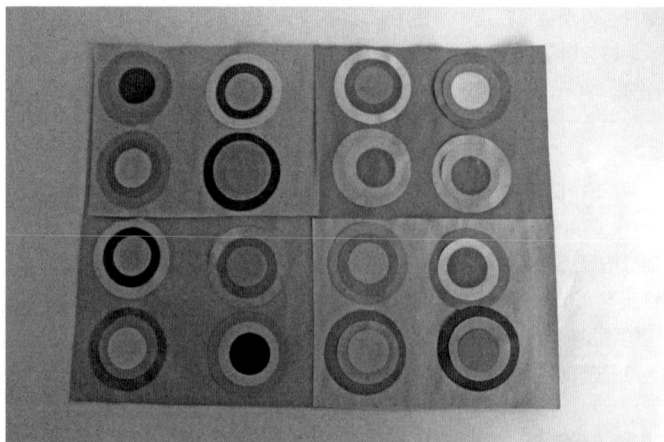

图片 4.13

科迪运用康定斯基的想法，将颜色一起使用即像一首交响乐

■ **材料**：彩色纸（手工劳作纸或彩绘艺术纸）、打孔器（1.27厘米、2.54厘米、3.81厘米、5.08厘米）、不同尺寸圆盖与容器、胶带、胶水

■ **安全**：在孩子们使用打孔器时进行指导。

■ **准备**：

1. 准备三个用于存放圆形的小容器，用3—4个不同大小的打孔器各打一个圆形，并将每个圆形各粘在一个容器上。这将帮助孩子们确定用哪种大小的容器存放他们的圆形。

2. 让孩子们在前一周打出不同大小的圆形，并将其存放在容器中。请在需要时演示如何使用打孔器。

3. 若无法购买圆形打孔器，让孩子们用不同尺寸的盖子描边，例如发胶和干的洗发水的盖子、小杯酸奶油盖或圆形饼干模具。

4. 将手工劳作纸剪成不同颜色的正方形、三角形、长方形等各种大形状。

5. 选择将在活动中强调的词汇、字母和口语发音。

■ **步骤**：根据孩子的需求进行指导和帮助。

1. 分享汉纳·科诺拉（Hanna Konola）所著的《瓦西里·康定斯基的艺术大师班》（*Art Masterclass with Wassily Kandinsky*），讨论色彩及其布局对艺术品的重要性，以及色彩所唤醒的感觉。康定斯基喜爱在工作时聆听维瓦尔第（Vivaldi）的《四季》（*The Four Seasons*）。他曾说圆形就是旋律，像一支长笛，所有的圆形在一起就是一曲交响乐。

2. 在将圆形组合成完成的项目之前，播放维瓦尔第的《四季》，同时向孩子们展示一些康定斯基的艺术作品，例如《正方形与同心圆》（*Squares with Concentric Circles*）、《几个圆》（*Several Circles*）、《圆圈中的圆》（*Circles in a Circle*）、《深化的驱动》（*Deepened Impulse*）、《摇摆》（*Swinging*）、《平衡力》（*Counter Weights*）。

3. 有了康定斯基带来的灵感，将所有形状放在桌上，并给孩子们一张大纸。他们将使用这些形状设计抽象艺术作品。

4. 当他们对设计满意时，将其粘在纸上。待其干燥。

5. 将每名孩子的艺术作品（旋律的各部分）以组（交响乐）的形式贴在布告栏上。之后，讨论这件艺术品以及每一部分如何增添其中，构成了完整体。让每名孩子谈论他们使用的颜色和原因，以及他们想传达的感受。

■ **辅助提示：**

◆ 让孩子们使用打孔器可锻炼手部用于书写的小肌肉。

◆ 在他们将圆形粘在纸上前，让孩子们探索不同的方式来定位颜色排列。

■ **探索有趣的事实：**用于激励和启发进一步学习。

◆ 瓦西里·康定斯基（Wassily Kandinsky）使用了一系列不同颜色与大小的圆点、圆圈和扭曲的圆。艺术家观察他们世界中的形状与色彩，并将它们变成美好的艺术。

◆ 康定斯基相信他可以通过形状和色彩表达感受。

◆ 康定斯基将美术与音乐联系了起来。他喜爱在工作时聆听维瓦尔第的《四季》。他把圆形比作旋律，就像一支长笛，所有的圆形在一起时就如交响乐。

◆ 在我们的环境中长方形比世界上任何其他几何图形都更多。在教室、学校、操场、家中或院子里漫步测试这一点。

◆ 四个三角形可以拼成一个长方形。一个圆无论大小都可以平分。

◆ 康定斯基说一切都从一个点开始。他还说过，"颜色是一种直接影响灵魂的力量"。

表格4.12　孩子们能由几何艺术交响乐学习什么

视觉艺术：

1. 查看著名艺术家的作品，他们使用颜色和形状来创造具有意义的图像或情绪。

2. 确定颜色（暖色和冷色、原色与二次色、混合色或晕染色）可以传达情绪的各种方式。

3. 探索几何形状、大小、颜色的不同放置方法以及对空白空间的运用来沟通情绪。

数学：

1. 识别直线–三角形的特征：不等边、等腰、等边和直角。

2. 识别四边形的特征：正方形、长方形、平行四边形、梯形和菱形。说出常见的较大多边形名称，例如五边形和六边形。

3. 识别曲线形状的特征：圆形、椭圆形、心脏线（心形）、新月形和扇形。

4. 探索各种形状相似和不同的特点以及它们可以在图片中组合在一起的方式。

基于美国幼儿教育协会、美国共同核心州立标准、新一代科学教育标准、美国核心艺术标准

故事拼贴画

■ **科学、艺术和语言**：设计、制作故事拼贴画，孩子们学习透视法以及如何使用各种各样的艺术材料来表现风景、天气和想法。同时，他们将发展粘贴和精细运动技能。

■ **材料**：纸巾和手工劳作纸、胶水、各种小型打孔器（昆虫、哺乳动物、天气、动植物、常规款）、记号笔、蜡笔、粉笔、蛋彩或丙烯颜料、剪刀和刷子

■ **安全**：帮助孩子们使用打孔器。注意年幼孩子们处理小部件和胶水时的情况。

■ **准备**：

1. 让孩子们使用废纸与各种打孔器为他们的艺术作品打出角色和其他元素。他们也可以使用常规打孔器打出冬季场景中可能出现的雪花。请

图片 4.14
粘出故事拼贴画

确保为孩子们提供放置打孔出物品的容器。

2. 分享由杰森·勒费弗尔（Jason Lefebvre）创作的故事《太多胶水！》（*Too Much Glue!*），并与孩子们谈论故事中的问题，以及解决的方法。询问他们认为"胶水雨滴，不是水坑"在故事中意味着什么。

■ **步骤**：根据孩子的需求进行指导和帮助。

1. 将手工劳作纸和打孔出的角色与元素，以及胶水、蜡笔和记号笔放置于桌上。他们可以使用已有代表天空色彩的蓝色纸张，或使用白色纸张，并用粉笔、记号笔、蜡笔或颜料涂出天空的颜色。

2. 让孩子们在纸上画出一条地平线，这样他们能分清天空和地面的位置。展示几张地平线清晰可见的图片，并指出前景与背景。

3. 当孩子们完成了背景与前景时，他们可以用颜色增加细节，包括天空、太阳、树木、汽车或其他选择的场景和物体。让他们决定添加的内容。

4. 现在，让他们在前景与背景上粘贴打孔出的角色和其他物体。他们可能使用了蓝色纸张，想要加上白点表现雪花。

5. 给孩子们时间在艺术作品中创造许多细节。

6. 当他们完成了艺术作品时，让他们用艺术术语谈论作品。询问他们尝试在图像中传达的是什么。同时，询问他们的图像背景、使用的颜色及原因。

■ **辅助提示：**

◆ 提供一系列来自杂志、书籍或网络，带有明显地平线的图片。

◆ 如果与非常年幼的孩子进行作业，使用洗手液按压瓶装胶水。

◆ 孩子们更容易掌握使用胶棒。

◆ 不再使用的墙纸书籍中的墙纸也可用于此项目。

■ **探索有趣的事实：** 用于激励和启发进一步学习。

◆ 已知最早使用胶水是在200,000年前。

◆ 强力胶水在1942年由哈利·库弗偶然创造出来。约6.452平方厘米的
强力胶可以承受约1吨的重量，7滴强力胶水足以抬起一辆汽车。

◆ 平均每人一年使用约18千克胶水。

◆ 拼贴画（collage）一词来源于法语词"coller"，意为粘贴。

◆ 拼贴画这一术语是由巴勃罗·毕加索（Pablo Picasso）和乔治·布拉克
（Georges Braque）在现代艺术时期创造的。

表格4.13 孩子们能由故事拼贴画学习什么

视觉艺术：
1. 使用多种艺术材料创造色彩丰富的场景和形象。
2. 混合和试验各种颜色以达到不同的效果。
3. 研究图片以找出艺术家如何运用地平线。
4. 在户外确认天空与地球的交汇处。
5. 确认前景与背景图像及其在地平线之上和之下的位置。
6. 试验将地平线画在纸上的不同位置。
7. 指出那些由地平线上的一处开始，并延伸超过，遮挡了地球与天空相汇处的图像。
8. 观察地平线的不同视角对艺术家描绘或涂画陆地和天空图像的空间影响。
科学：
1. 根据对陆地和天空的观察，定义术语地平线，也称为视平线。
2. 试验改变视角来观察地平线，例如，躺着、坐着、站着以及站在平台上或高楼里观察。
3. 思考为什么地平线是直线或环线。
4. 设想地平线对于太空中的宇航员或海上的水手来说会是什么样子的。

> **语言：通过这一项目，孩子们可以**
> 1. 使用地平线、透视、比例、角度等术语描述完成的艺术品。
> 2. 阐释在描绘或绘画图像前设定地平线视野的重要性。

基于美国幼儿教育协会、美国共同核心州立标准、新一代科学教育标准、美国核心艺术标准

华丽的曼陀罗

■ **艺术、数学和社会学科**：通过曼陀罗的创作，孩子们学习设计、几何、对称、数字、图案和颜色。它还可以介绍亚洲文化与艺术中的象征主义。

■ **材料**：食品盒的白色塑料盖（每名孩子一个）、彩色永久性记号笔、三到四个不同大小的圆圈或盖子用于描线（饮料瓶盖、广口瓶盖、喷绘颜料瓶盖、干的洗发水瓶盖）、尺子、圆规和量角器（适合年龄较大孩子）。

■ **安全**：在孩子们处理小盖子时进行监督。

■ **准备**：

1. 为项目收集白色塑料盖。请家长协助收集。在家长或孩子们易接近的地方放置收集箱，以便投递盒子。提醒家长在投递前将盖子清洗晾干。请准备多余备用。

2. 使用低价、含有丙酮的指甲油去除剂去除盖子上的文字和徽标，这样孩子们就有空白的表面来进行设计。

3. 根据孩子们的年龄，您可能想要为孩子们沿圆圈或盖子描线，或是在他们描绘时进行协助。如果孩子们年龄较大，可以为他们准备尺子和圆规来绘制不同大小的圆圈。

4. 从网站和书籍中查找曼陀罗的图片。网上有免费可打印的曼陀罗，您可以向孩子们展示，这样他们可以近距离观看其设计。

5. 观看曼陀罗和视频教程后，让孩子们用铅笔、盖子和盖帽描绘一些可

行的设计。期待孩子们的试错过程，所以请提供多余的纸张。

■ **步骤：** 根据孩子的需求进行指导和帮助。

1. 分享阿雷纳·维尔莱格（Arena Verlag）的书籍《儿童的第一个曼陀罗》（*Kids' First Mandalas*）以及/或者《儿童的奇妙曼陀罗》（*Kids' Magical Mandalas*），这样孩子们可以观看简单的设计、平衡、图案和辐射（圆形）对称。给孩子们时间阅览这些书籍，为他们的曼陀罗艺术项目获取灵感。

2. 将不同尺寸的盖子和盖帽放在桌上，让孩子们使用彩色记号笔在大号曼陀罗盖子（每名孩子一个）上描线。您可以展示一些曼陀罗的图片以激发灵感。

3. 指导孩子们在他们的白色大塑料盖上描三至四个不同大小的圆圈（除非您已为他们描绘圆圈）。他们应从中间处小圆圈开始，并随着向外描绘逐渐增大圆形盖子尺寸，使它类似于一个靶子。阐释他们即将在每个圆圈内添加设计，所以在每个圆圈之间留出足够的空间。仅画几个圆圈保持简单的设计。

4. 画出圆圈后，使用黑色永久性记号笔和尺子从圆圈顶部至底部画一个加号（+）。在圆上画一个相交的X以形成八个部分。较为年幼的孩子

图片 4.15
华丽的曼陀罗

仅使用+号，这样图案有更大更简单的四个部分。

5. 让孩子们使用吸引他们的颜色，在每个圆圈中描绘形状与图案并涂色，环绕圆圈每处。他们在一侧所作的，应在另一侧重复。

6. 继续围绕每个圆圈添加不同的形状和颜色。他们可以用铅笔描绘，之后使用记号笔。如果孩子们非常年幼，他们可以在您描绘的曼陀罗中涂色，这样他们便能理解对称性。

7. 让孩子们与他人分享曼陀罗作品，并介绍他们在设计中使用的形状和颜色。这些曼陀罗可挂在圣诞树上或在教室里展示。如果孩子们在纸张上创作曼陀罗，可以把它们变成送给他人的康复贺卡或生日贺卡。

8. 与孩子们讨论在类似曼陀罗的形状和图案中看见了什么。为他们指出并定义对称性。询问他们认为设计是如何制作的。

■ 辅助提示：

◆ 请确保您有多种圆盖子用于圆圈描线。

◆ 让年龄较小的孩子使用永久性记号笔时，请使用围裙并准备湿纸巾。

◆ 对于年龄较大的孩子们，使用尺子、圆规和量角器。

◆ 给曼陀罗喷一层薄薄的丙烯密封剂，待其干燥，之后再喷一次。

■ 探索有趣的事实：用于激励和启发进一步学习。

◆ 曼陀罗在梵语中是"圆"的意思。

◆ 它在印度教与佛教徒中具有精神象征意义。

◆ 它被认为可以减轻压力和焦虑，培养耐心和毅力。

◆ 曼陀罗呈辐射对称或圆形对称。

表格4.14　孩子们能由华丽的曼陀罗学习什么

视觉艺术：
1. 查看曼陀罗的图片以查找一些重要的主题，包括关于宇宙的主题。
2. 从艺术家的角度探索图片，观察连接和重叠的同心圆以及艺术家用设计和颜色填充它们的方式。
3. 创作一个曼陀罗并使用丰富的艺术词汇描述关于形状、颜色、设计和象征的细节。
数学：
1. 寻找自然中的形状和图案。
2. 将曼陀罗分成八等份；每个部分可以有独立的设计或重叠的设计和颜色。
3. 用大和小的同心圆试验创作设计。
社会学科：
1. 找寻曼陀罗的起源以及它代表什么。

基于美国幼儿教育协会、美国共同核心州立标准、新一代科学教育标准、美国核心艺术标准

熔化杯子甲虫

■ **科学、艺术和语言**：制作熔化杯子甲虫，孩子们学习昆虫身体部位的名称，以及外骨骼上的颜色和图案如何保护它们免受捕食动物的侵害。他们还学习如何使用各种材料，以及设计、对称性和艺术与科学的相关词汇。

■ **材料**：约510克的彩色塑料杯（每名孩子一个）、胶水、塑料眼睛饰材（googly eyes）、黑色手工劳作纸、记号笔、丙烯颜料、颜料刷、3.81厘米圆形打孔器

■ **安全**：帮助孩子们使用打孔器。在年幼孩子们处理小部件时进行监督。

■ **准备**：

1. 提前熔化杯子。将烤箱预热至177摄氏度。用铝箔纸盖住饼干烤盘，并喷上薄薄一层防粘喷雾油。

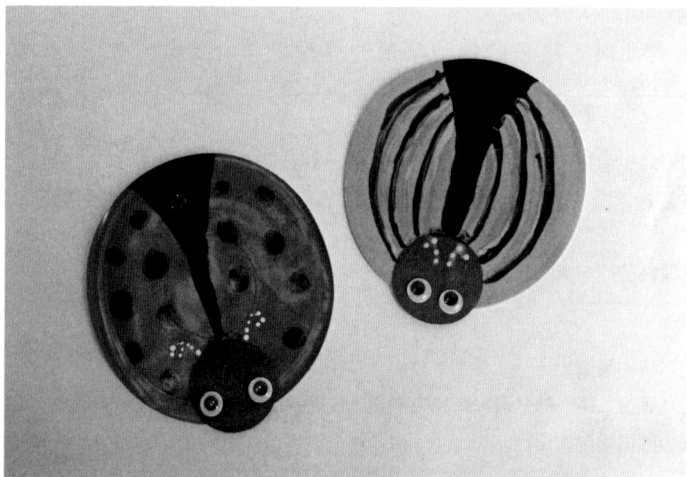

图片 4.16
熔化杯子甲虫

2. 将杯口朝下（倒置）放在覆盖有铝箔纸的烤盘上。注意杯子的熔化（2—3分钟）。

3. 从烤箱中取出烤盘时，将您戴着烤箱手套的手放在杯子上一秒钟，将其完全压平。让杯子冷却五六秒钟。从箔纸上取下。杯子应该看起来像扁平的圆盘。准备多种颜色的杯子，以给孩子们机会选择想要制作的甲虫种类。

4. 选择将在活动中强调的词汇、字母和口语语音。

■ **步骤：** 根据孩子的需求进行指导和帮助。

1. 分享史蒂夫·詹金斯（Steve Jenkins）的书籍《甲虫之书》（*The Beetle Book*），让孩子们探讨所有不同种类的甲虫，它们的颜色、形状、大小、图案和特征。通过活甲虫或网上图片研究。

2. 讨论甲虫身体的三个部分：头部、胸部、腹部，以及这些部位如何被坚硬的外壳（外骨骼）覆盖。让孩子们说出外骨骼的颜色、图案和对称性。

3. 提供3.81厘米的打孔器，并让孩子们打出一个黑色的圆作为甲虫的头部。将圆粘在靠近杯子的边缘处。圆圈的一小部分可以悬在边缘之外。用黑色记号笔添加胸部。

4. 在头部干燥后，将两只塑料眼睛饰材粘在头上。使用黑色记号笔，从头部的后面至杯子底部画一条线。这显示壳的裂缝位置。

5. 使用记号笔和颜料画出外壳图案，或用打孔出的圆点制作逼真或富有创意的设计。

6. 保留展示的甲虫的图片，并添加孩子们制作的艺术作品，以便他们进行比较。鼓励孩子们介绍他们的甲虫设计，以及其如何可以帮助它们躲避捕食动物。

7. 让孩子们将压舌板或调漆棒粘在甲虫的背后，制作成一个木偶，并写下或口述一个关于甲虫的事实，以展示并与班级分享他们制作的甲虫木偶。

■ **辅助提示：**

◆ 带一个放大镜来研究活甲虫的身体部分。

◆ 为孩子们提供一系列图片，以让他们从书籍、杂志和网络上学习。

◆ 熔化杯子时留在烤箱旁。每个烤箱所需的时间都不同。

◆ 熔化时请勿将杯子靠在一起放置，它们很容易粘在一起。

◆ 首次只熔化两个杯子，以掌握在您的烤箱中熔化所需的时间以及如何处理已熔化的杯子。熔化多余的杯子以防失误。

■ **探索有趣的事实：**用于激励和启发进一步学习。

◆ 甲虫已存在约2.7亿年，比恐龙更久远，还是地球的动物王国中最庞大的群体，拥有超过300,000个种类。

◆ 甲虫的生存环境跨越沙漠和极地冰盖，体型也从微小到巨大不等。

◆ 一些甲虫会发光并敲打它们的头部，制造人们可以听到的唧唧声。

◆ 瓢虫是甲虫，一生中可能吃掉超过5,000只蚜虫（小型植物害虫）。

◆ 瓢虫用触角闻气味，并用鲜艳的颜色来警告捕食动物远离。

◆ 人类吃的甲虫（通常是在它们的幼虫阶段）比其他任何一种昆虫都多。

表格4.15　孩子们能由熔化杯子甲虫学习什么

视觉艺术：

1. 识别外骨骼上的视觉标记和图案。

2. 确定颜色与标记以复制在活甲虫和图片上所见的外骨骼。

3. 画锯齿形、波浪形、螺旋形、水平、垂直、粗与细的线条，勾勒出甲虫的外骨骼细节。

4. 混合与试验多种颜色，包括荧光色，以获得逼真或奇幻的效果。

5. 将艺术表现的甲虫特征和设计与自然中发现的甲虫进行比较和对比。

科学：

1. 找出活甲虫或图片中甲虫的头部、胸部和腹部。

2. 添加记号与颜色以制作甲虫的各部分，包括两根触角、两只复眼（一些有狭缝以看见水面上和水下）、一张嘴巴（下颌骨）和大齿状钳子，以及背部裂缝部分的前翅和后翅。

3. 分析昆虫特征中的相似处与差异。

4. 比较和对比甲虫和其他昆虫与人类的特征。

语言：

1. 通过口述或书写标签、词语和句子来培养写作技巧。

2. 写一个简单的故事，由熔化杯子甲虫作主演的木偶戏，清楚地讲述一系列事件。

3. 阅读非虚构来源信息，记录有关甲虫的重要和有趣的事实，以在木偶戏中分享。

基于美国幼儿教育协会、美国共同核心州立标准、新一代科学教育标准、美国核心艺术标准

牛奶罐雪人

■　**科学、艺术和语言**：通过制作牛奶罐雪人，孩子们学习有关二维形状、尺寸、如何改造材料来创造新事物，以及识别夸脱和加仑的大小。他们在撕、剪、画和粘贴的过程中锻炼精细运动技能。

■　**材料**：白色夸脱或加仑牛奶罐、白色塑料容器盖（例如酸奶油）、胶水、白色丙烯或蛋彩颜料、精细和超精细记号笔、棉签、回收马尼拉文件夹、蓝色卡片纸、白纸、2.54厘米和5.08厘米圆形打孔器或喷雾罐盖子。

■　**安全**：在孩子们使用剪刀和胶水时进行监督和协助。提醒孩子们处理塑料锋利边缘时要小心。

■ 准备：

1. 在艺术项目开展约两个月前开始收集白色牛奶罐与其他白色塑料容器盖。请家长协助收集，清洗容器后将它们带到收集区。请确保准备一个箱子用于投递。

2. 剪掉塑料牛奶罐的顶部和底部，仅保留几个平的侧面。剪掉弯曲的角，这样就有四块扁平的塑料。这使孩子们更容易剪出圆形。容器盖也照此方式修剪。

3. 使用旧的马尼拉文件夹，用2.54厘米和5.08厘米圆形打孔器或使用盖帽剪出模板让孩子们描出形状。为每名孩子准备两种尺寸的模板。

■ 步骤：根据孩子的需求进行指导和帮助。

1. 分享由莫琳·莱特（Maureen Wright）所著的《打喷嚏的雪人》（*Sneezy the Snowman*），并介绍一些与雪相关的事实，例如有记录的最大雪花

图片4.17
牛奶罐雪人

（使用一个尺子显示大小）。让几名孩子各分享一个他们从网站或书中记下的事实。让一些孩子分享关于他们堆雪人的趣事。

2. 给每名孩子一张蓝色卡片纸和一张普通的白纸，并告诉他们这些可以一起制作成雪人的背景。

3. 演示如何撕开他们的白纸，使前景看起来像凹凸不平的雪堆。让孩子们将这张白纸放在蓝色背景上，底部直边对齐。在他们对放置位置满意后，将它们粘在一起，确保底部直边对齐。待其干燥。

4. 为孩子们将颜料与棉签放于桌上。告诉他们使用棉签与白色颜料在图片的蓝色背景上画出点点雪花。不要用力按压以使雪花保持较小形状。让其干燥。

5. 给孩子们提供塑料片以描出圆形。

6. 让孩子们决定他们的雪人需要多少个不同大小的圆。将圆形排列成一个雪人并将其粘在背景上。待其干燥，之后用极细记号笔为雪人添加细节，例如围巾、鼻子、嘴巴、眼睛、纽扣、手臂，和从手工劳作纸上剪下的帽子。

7. 让孩子们为他们的雪人取名并写下一个关于他/她的故事。让他们分享。

■ 辅助提示：

◆ 将罐子剪成四块。

◆ 在儿童处理塑料之前，先剪掉其锋利的边缘。

■ 探索有趣的事实：用于激励和启发进一步学习。

◆ 轻而蓬松的雪通常被称为"粉"。雪暴是一种带有强风的暴风雪。

◆ 有记录的最大雪花宽约38厘米，厚约20.3厘米。

◆ 雪其实并非白色的。它是无色的。它的颜色来自阳光。

◆ 人们在雪中戴护目镜或太阳镜，因为雪会反射紫外线，可能导致雪盲和晒伤。

◆ 有记载的全年最大降雪量约为31.1米。

表格4.16 *孩子们能由牛奶罐雪人学习什么*

视觉艺术：
1. 使用一系列材料创造艺术品。
2. 浅浅地画一条地平线，控制前景和背景中物体或生物的视角。
3. 试验地平线的不同位置。它不必位于中间处。
4. 将物体和生物放在前景中，让它们挡住地平线以获得不同的效果或视角。
5. 为雪人图画添加光泽物质，以显示当雪开始凝结并结成冰时的样子。

科学：
1. 收集较大量的雪用于一个室内或室外雪人，并将其捏成不同大小的球。
2. 预测室内和室外哪个大小的球最先发生变化。解释预测的原因。
3. 当室内和室外的雪球暴露在阳光下或在温暖的室内温度下时，观察并记录其物理变化。
4. 对物理变化的原因提出疑问。
5. 观察将雪球压紧或较松散时的变化速率。

语言：
1. 口述或写下一个关于纸雪人的故事。
2. 描述关于雪的事实。

基于美国幼儿教育协会、美国共同核心心州立标准、新一代科学教育标准、美国核心艺术标准

美洲原住民项链

■ **科学、艺术和社会学科**：创作美洲原住民项链，孩子们学习其他文化和它们的艺术、如何将可用的自然之物融入艺术以创造新事物、自我表达，以及减量化（Reduce）、再利用（Reuse）、再循环（Recycle）3R原则。

■ **材料**：塑料牛奶壶嘴（每名孩子一个）、纱线、剪刀、胶水、各色珠子、衬箔烤盘、亮片、院子里的自然物品（橡子、树叶、小鹅卵石或树枝）、贴纸、其他任意小装饰物和尺子

■ **安全**：在年幼孩子处理小物品时进行监督。在散步前确认过敏源。

■ 准备：

1. 收集牛奶壶嘴，每名孩子一个。请家长协助收集。提醒他们在投递前清空并冲洗干净。准备一个带有收集箱，易于投递的区域。

2. 用美工刀和剪刀取下牛奶壶嘴，仅保留罐子的一小部分。请不要让孩子们完成这一步。

3. 在项目前一天或更久之前，在通风良好的区域熔化塑料壶嘴。将烤箱预热至约170摄氏度。用铝箔纸盖住烤盘，喷上薄薄的一层防粘喷雾油。将牛奶壶嘴朝上，间隔放于烤盘上熔化。请确保它们间隔距离充足，以让它们在熔化时不会相接触。观察壶嘴熔化（2—5分钟）。让其冷却，之后从箔纸上取下。

4. 带领孩子们去自然中散步，并收集自然物品。

5. 阅读由汤米·德保拉（Tomie de Paola）所著的书籍《印第安画笔的传说》（*The Legend of the Indian Paintbrush*），并分享一些有趣的事实，例

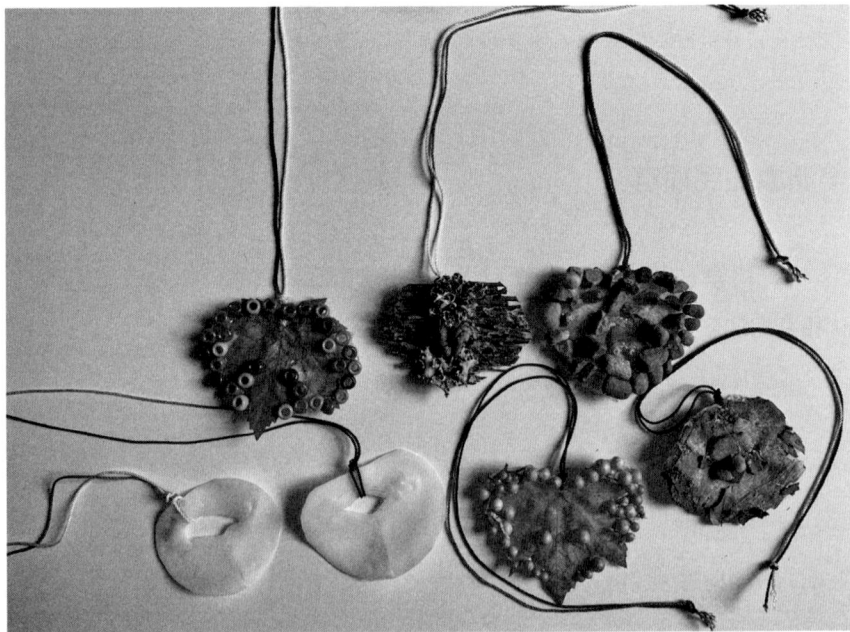

图片 4.18
美洲原住民项链

如美洲原住民曾用什么制作项链，以及他们的艺术是如何被珍视的。询问孩子们如果要制作项链来表现美洲原住民，会在上面放什么。

■ **步骤**：根据孩子的需求进行指导和帮助。

1. 让孩子们用尺子测量并剪下一段约60厘米长的纱线。放置一旁。
2. 将一碗装有各种颜色的珠子、亮片、水钻、鹅卵石、橡子、树枝和他们收集的其他物品，连同塑料壶嘴放在桌上。
3. 告诉孩子们通过粘贴他们选择的物品来装饰熔化的壶嘴。一些孩子可能更喜爱他们的项链是素的或涂色的。在他们完成后，让胶水干燥。
4. 在胶水完全干燥后，让孩子们将纱线连接至壶嘴。雀头结是将其连接的最好方式。您需要演示如何完成。之后在每边穿上几颗珠子。他们可以选择用珠子做颜色图案或只是随机制作。完成这一步后，将纱线末端打结，项链就可佩戴了。
5. 讨论很久以前美洲原住民孩子们是怎样装饰项链，以及原因。让孩子们到处转转，看看同学们的项链并展示自己的项链。

■ **辅助提示**：

◆ 熔化壶嘴时请留人看管炉子。观察它们熔化的进展并在烧焦前取出。
◆ 如果因为太粘难以取下，请在箔纸上喷防粘喷雾。
◆ 自由活动时带上急救箱。

■ **探索有趣的事实**：用于激励和启发进一步学习。

◆ 证据表明古印第安人的石头和贝壳项链可追溯到公元前8,800年。
◆ 美洲原住民使用豪猪刺、贝壳、石头、鹿角、银、铜和其他天然材料来制作首饰。
◆ 美洲原住民的首饰既实用又美观。
◆ 每个部落都发展了自己独特的艺术形式。首饰风格因部落而异。

◆ 美洲原住民起源于亚洲，并在12,000年前通过一座由冰制成的陆桥徒步至阿拉斯加。

表格4.17　孩子们能由美洲原住民项链学习什么

视觉艺术：
1. 使用在当地找到的花瓣和树叶制作水彩颜料。 2. 试验通过加热从花、果实和树叶中提取的色素并与面粉等粘结剂混合，来制作墨水、染料或颜料。 3. 混合和试验各种颜色以达到不同的效果。 4. 研究印第安原住民艺术的文物或图片，寻找关于色彩组合与设计的灵感。 5. 使用当地发现的天然材料创造质地效果。
社会学科：
1. 探索当地，以寻找本地特有的自然物品。 2. 识别印第安原住民艺术中的主题、符号与设计。 3. 尊重印第安原住民艺术形式及他们使用的材料。 4. 想象几百年前人们如何获取材料。
语言：
1. 阅读关于印第安原住民通过艺术表现的仪式和信仰。 2. 讨论数百年前和当下印第安原住民艺术在材料和技法上的差异。 3. 解释印第安原住民项链中表现的颜色和思想。

基于美国幼儿教育协会、美国共同核心州立标准、新一代科学教育标准、美国核心艺术标准

自然的雕塑

■ **科学、工程、艺术**：通过创造自然的雕塑，孩子们学习对应自然物品的名称，以及关于它们的事实。同时，他们运用创造力和自我表达构建三维雕塑。

■ **材料**：各种落在地上的自然之物，包括树叶、橡子帽、小石头、木棍和各种大小的树枝、树皮、山核桃壳、豆荚、花、花瓣、松果、天然麻线（黄麻）、剪刀、胶水、一部数码相机

图片 4.19
阿利斯泰尔很
喜欢运用他院
子里的物品制
作自然的雕塑

■ **安全**：帮助孩子们收集安全的物品。在年幼孩子们处理小自然物品时进行监督。

■ **准备**：

1. 收集商店使用过的纸袋或塑料袋，让孩子们用来收集自然物品。为每名孩子准备至少一个袋子，为热情的收集者们准备几个额外的袋子，以及您使用的一个袋子来获取其他有用的物品。请注意孩子们收集的物品。

2. 询问孩子们在自然漫步中会发现什么；之后，阅读斯托雷出版社（Storey Publishing）的书籍《背包探索者：自然的发现》（*Backpack Explorer: On the Nature Trail: What Will You Find?*）。

3. 带领孩子们在大自然中漫步，为他们的自然雕塑收集物品。请确保为他们留出探索的时间。将他们的名字写在袋子上。

■ **步骤**：根据孩子的需求进行指导和帮助。

1. 让孩子们将收集的自然物品放在水泥地或草地上，以让物品一目了然。讨论一些构建主题的可能性。孩子们可以选择制作动物、人、房子或物体。建立一个大家可以分享的共享物品堆。孩子们可以将他们未使用的材料添加到丢弃物中。

2. 告诉孩子们查看收集的物品，看看他们可以使用什么作为部件，例如木棍作为身体，橡子帽作为眼睛，或是用树叶作外壳、用松果作头部。鼓励他们的创造性想法，并后退一步，给他们创作的时间。

3. 备有胶水，让他们选择是否使用。他们或许想在不使用胶水的情况下构建雕塑，这是可行的，因为这会使之后处理雕塑更容易。处理取决于它们在哪里展示。麻线也可用于连接物品。

4. 给孩子们时间来欣赏和讨论自己与他人的雕塑，以及他们制作雕塑使用的材料。为雕塑拍照并打印。

5. 展示图片并让孩子们为他们的冒险经历和设计的创造物或结构的故事口述语句。这可以做成一本书。一些网站会发表儿童写作作品。也有一些网站会以一定的价格将您的数字版书制成装订书籍（平装本或精装本）。

■ **辅助提示**：

◆ 这是个很适合在秋天开展的好项目。

◆ 提前检查您计划带孩子们前往收集自然物品的区域。注意他们可能遇到的危险物以及地面上可以找到的掉落自然物品类型。

■ **探索有趣的事实**：用于激励和启发进一步学习。

◆ 我们身处的自然世界提供食物、水、药物、栖息之所的材料以及气候和营养物质等自然循环。

◆ 地球上有60,000个已知的树木种类。大多数橡树要生长50年左右才会长出橡子，之后每2—3年才会长出一次橡子。

◆ 加州红杉是世界上最高、最大的生物体。

◆ 史上最高的树是澳大利亚桉树，在1872年测量高度约为132米。

◆ 落叶在冬季为树木种子和昆虫提供保护。

◆ 地球上的植物已存在了4亿年。已识别的植物种类有200,000种，并且这个列表一直在增加；85%的植物生命是在海中找到的。

◆ 岩石和石头是由矿物质组成的天然固体。

◆ 世界上最大的单体岩石在澳大利亚，名为乌鲁鲁或艾尔斯岩（Uluru or Ayers Rock）。全长8千米，占地面积47.95平方千米。

◆ 贝壳是软体动物的移动家园。只有空置的情况下才可以从海滩上拾起它们。贝壳的形状有助于占有它的生物躲避捕食动物。

表格4.18 孩子们能由自然的雕塑学习什么

视觉艺术：
1. 测试各种方法用建筑模块搭建坚固的结构。
2. 通过动手实践探索一系列三维自然材料来构建一个物体、人物或结构。
3. 探索自然材料的特性，包括建筑中使用的尺寸和重量。
4. 判断天然材料的形状和大小是否适合建造特定项目。
5. 考虑对天然材料的不同放置。
6. 观察建筑物、桥梁和水坝等已建成项目的图片，了解工程师如何在项目中使用线条、形状和质量。

科学：
1. 研究创造动态与稳定性的不同方式。
2. 探索自然物体的特性和来源。
3. 用不同的几何形状试验强度和设计。
4. 比较和对比搭建材料的放置如何影响平衡和强度。

工程：
1. 设计一个物体、人物或结构来搭建。
2. 根据功能和强度选择合适的材料。
3. 确定项目关键部分的移动，例如打开和关闭。
4. 针对不同的用途，考虑搭建的强度和材料的稳定性。
5. 预测静态或动态力量对结构的影响。
6. 评价项目承受天气和静态重量压力的稳定性。

基于美国幼儿教育协会、美国共同核心州立标准、新一代科学教育标准、美国核心艺术标准

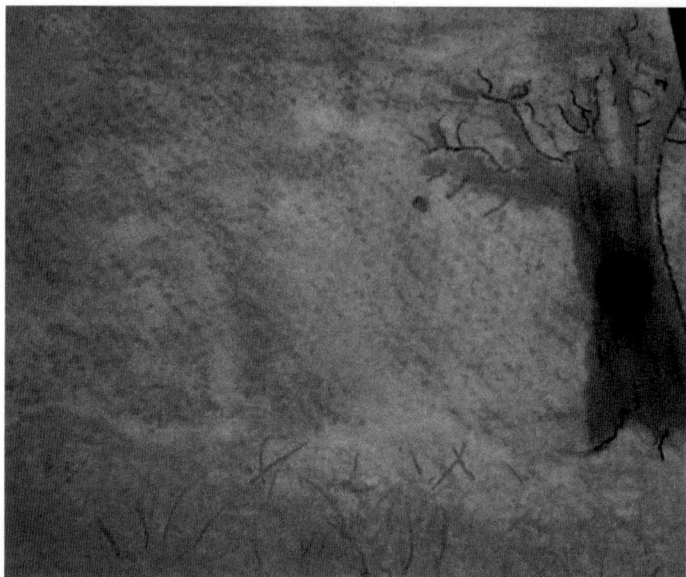

图片 4.20
粉彩笔季节画

粉彩笔季节画

■ **科学、艺术**：创作粉彩笔季节画，孩子们学习在他们的艺术作品中使用艺术元素和设计原理，探索媒介，通过颜色和其他粉笔技法（如阴影和晕染）来表现时间。他们还会学习关于各个季节以及季节和变化意味着什么。

■ **材料**：各种颜色的软性粉彩笔、各种类型纸张（粉彩纸、手工劳作纸、卡片纸、打印纸）、纸巾、棉球、棉签、发胶

■ **安全**：在孩子们使用粉笔时进行帮助和监督。提醒他们不要吹粉笔灰。警告他们不要直视太阳。

■ **准备**：

1. 与孩子们分享比尔·汤姆森（Bill Thomson）的《粉笔》（*Chalk*）一书，并与他们讨论如何发挥想象力创造一幅季节画。询问他们是否记得在《粉笔》中，恐龙溶化时的天空是什么样的。

2. 在网上查找季节性场景与孩子们分享，这样他们可以观看每个季节的气候情况。询问他们看到天空中的颜色是什么，地面是哪些颜色，以及在图片的其他元素（如树木）中看到的颜色。指出地平线，大约距离页面底部三分之一，天空与地面的交汇处。讨论天空为何不仅在顶部，且与地面相连。根据场景，地平线可能发生变化。使用地平线、前景和背景等词汇。

3. 将孩子们带领到户外，让他们找到地平线。接着，让他们看看天空，说出他们见到的色彩。询问他们是否其中只是蓝色或可能带有粉色的不同深浅的蓝。若有云朵，询问他们看见的是什么颜色。让他们用同样的方式观察、判断大地、草地、树木、灌木、山脉、溪流和任何其他风景中的元素。

■ **步骤**：根据孩子的需求进行指导和帮助。

1. 提供各种颜色和质地的纸张以及粉彩笔、纸巾和棉球。同时，请准备铅笔，因为孩子们可能想要先画草稿。

2. 告诉孩子们想一想他们希望创造的季节场景，以及哪些是表现这个季节的天空和大地的最佳颜色。

3. 让孩子们开始制作场景，用铅笔轻轻地画一条地平线。告诉他们它不必是笔直的，因为大地不是完全平坦的。让他们粗略地勾画出其他事物，例如树木、花朵、山脉和溪流。

4. 当孩子们画好了草图，便可以让他们为天空涂色。让他们用粉彩笔的一侧轻轻涂上蓝色，之后添加一点粉色，并用手指或棉球晕染。您或许需要演示晕染。如果画中是冬季的天空，他们可以添加灰色和云朵，如果是夏季，他们可以增加太阳。给孩子们时间探索颜色，并在需要时准备额外的纸张。若他们画有太阳，向他们展示树的一侧会更暗一点，并阐释这就是阴影。

■ **辅助提示：**

◆ 请准备充足的纸巾。

◆ 由于会有粉笔灰，为孩子们作画的桌子盖上桌布。

■ **探索有趣的事实：**用于激励和启发进一步学习。

◆ 一年中各个季节时间并不对每个人都一致。美国的冬天与澳大利亚的夏天是同时的。

◆ 奥地利人建造了世界上最高的雪人，测量高度为38.04米。

◆ 世界上最大的树叶堆位于美国犹他州，高约5米，周长约18米，在2012年估算重量达9072千克。

◆ 夏日的酷暑让法国的埃菲尔铁塔膨胀约15厘米。

◆ 由北极春天的第一天开始有六个月不间断的日光，而居住在南极的人们则由6个月的黑暗开始。

表格4.19 孩子们能由粉彩笔季节画学习什么

视觉艺术：
1. 使用不同颜色的粉笔来创作前景与背景场景。
2. 用不同的方式抓握粉笔来涂色和晕染颜色。
3. 探索使用颜色和混色以实现各种视觉效果的方式。
4. 判断前景和背景的选择对图像效果的影响。
5. 确定如何利用地平线上方和下方的空间来实现吸引注意力的不同视角。
6. 从户外场景和图片中汇集关于颜色、形状、大小、比例的想法。

科学：
1. 研究季节中变化发生的原因以及为什么较寒冷地区的树木和植物的叶子比其他地区经历更多彩的变化。
2. 比较和对比世界各地的季节差异。
3. 探索地平线被视为线形或环形的原因。
4. 阐释地面上的图像如何挡住地平线的视野，却不改变其线形或环形的形状。

> **语言：**
> 1. 通过艺术表现植物和树木不断变化的颜色。
> 2. 阅读关于季节变化的原因，画出并标注一张图表，显示植物和树木在不同季节的样子。
> 3. 使用科学术语讨论植物和树木在不同季节中如何变化。

基于美国幼儿教育协会、美国共同核心州立标准、新一代科学教育标准、美国核心艺术标准

捏人形雕塑

■ **技术、艺术、数学和语言**：通过捏雕塑的方法构建，孩子们学习三维人物雕塑（高度、宽度和厚度）、比例、平衡、测量黏土配方的成分、讲故事、故事要素和人物塑造。

■ **材料**：毛绒条（每名孩子一根）、风干黏土（自制或购买）、胶水、牙签、丙烯或蛋彩颜料、颜料刷、极细记号笔、手工劳作纸、剪刀、可选物品，例如亮片和纱线、一部手机或其他带相机的数字设备

■ **安全**：在孩子们混合风干黏土成分和使用牙签时进行监督。

■ **准备**：

1. 在网络上查找风干黏土成分表。批量制作一些风干黏土，或直接购买。
2. 在您准备好风干黏土后，将其存放于密封容器中。将黏土按比例分开储存。可以让每名孩子使用一个食品袋。
3. 给每名孩子拍一张脸部数字照片。根据捏人的头部大小调整尺寸并打印。可以使用剪刀进行修剪。保存图片至项目结尾时。

■ **步骤**：根据孩子的需求进行指导和帮助。

1. 阅读贝尔纳德特·库克莎尔特（Bernadette Cuxart）的书籍《幻想人物》（*Fantasy Characters*），讨论身体部分是如何构成的。告诉孩子们他们即将制作一个幻想人物。

2. 告诉孩子们将毛绒条剪成两半。将其中的一半再次对折成两半，并弯曲做成手臂。现在，将另一半再次剪成两半，之后将它们对折并扭转。这两条扭转的部分是腿。

3. 让孩子们捏出充足的黏土，以滚动出一个约2.5厘米的圆球作为头部。将它的正面轻轻地压在桌上以压平。接着，捏出充足的黏土以滚动出约5厘米的椭圆形身体。现在，捏下一些黏土，并将两个黏土滚动成0.6—1.2厘米的球形作为脚。由于它将作为基底提供支撑，请将它们做得比您认为的脚的大小更大。

4. 手臂：使用牙签或手写笔，在靠近身体顶部处打一个洞并将其贯穿。拿起作为手臂的毛绒条并将其穿过这个洞。确保它位于中间，这样两边都能露出一些毛绒条。腿部：用牙签在黏土身体底部扎两个孔，在两条腿之间留出较少的空间。将每个孔各扎入一条毛绒条腿。脚：然后，将每条扭转腿的底部按压进黏土脚的中心。在桌上将双脚的底部轻轻地按压平以让其站立。头部：现在，将牙签穿入头部的底部，大约一半，将牙签的另一半扎进身体部分。请记住位置要居中并尝试使人物平衡。需要调整手臂和腿部以使之平衡。让它在书本旁站立，使其稍稍靠着书籍以获得支撑。放置24—48小时，待其干燥。它必须被放置在不被干扰的区域。

5. 在它干燥后，让孩子们剪出他们的脸部照片并粘贴在它的头部正面。让其干燥。

6. 全部干燥后，将颜料、极细记号笔、手工劳作纸、剪刀和其他物品放置在桌上，并让孩子们添加细节。他们可能想要带有亮片发结或发带的纱线头发，以及让人物背着纸提包或双肩包。身体部分可以画出衣服，也可以剪出并粘贴手工劳作纸做的服装。头部后面可以画出头发。待其干燥。

图片 4.21
人形雕塑

7. 让孩子们为他们的雕塑取名字，并写一个关于它们的故事。他们可以
   分组，一起写故事。让他们分享故事，并记录下来。

■ **辅助提示：**

◆ 如果毛绒条在黏土变干后掉落，在孔里滴一滴胶水，放回毛绒条，并
   让其干燥。

◆ 为孩子们将火柴棒剪成两半，以便将头部连接至身体上。

◆ 如果制作站立的雕塑对孩子们来说有难度，可以从黏土上捏出制作一
   个更宽的底座，而不是扩大雕塑脚部。

■ **探索有趣的事实：**用于激励和启发进一步学习。

◆ 罗马雕塑的头部制作成了可拆卸的，所以头部可以轻易地更换。

◆ 研究人员发现了具有40,000年历史的雕塑。

◆ 自由女神像（Statue of Liberty）穿着879码的鞋子。

◆ 米开朗基罗（Michelangelo）将大卫（David）雕像做成了斜视眼，这样从两面观看他都有完美的侧面。

◆ 自由女神的鼻子长约1.3米，她的食指是2.4米。

表格4.20　孩子们能由捏人形雕塑学习什么

视觉艺术：
1. 使用黏土、毛绒条和牙签创作一个人物。
2. 用玩偶和可动人偶等试验人物平衡，以确定制作底座脚的尺寸。
3. 发挥想象力，将柔性材料塑造、弯曲，形成不同的形状。
4. 创造一些道具在讲故事时使用。
数学：
1. 估算脚的大小，以做成坚固的底座。
2. 判断尺寸的改变如何影响艺术作品的效果。
语言：
1. 为雕塑取名并使用故事语法编一个故事：开头、中间、结尾，或者人物、背景、冲突、结局。
2. 运用绘图、口述和写作为口头演讲做笔记。
3. 练习使用不同的音调、速度和音量讲故事。

基于美国幼儿教育协会、美国共同核心州立标准、新一代科学教育标准、美国核心艺术标准

易拉环人像

■ **科学、技术、艺术和数学**：设计和制作易拉环人像，孩子们学习升级再造/回收，以及物理科学，利用热量将珠子从固体熔化为液体，然后再次冷却为固体。他们还学习创造带有面目特征的人或角色的肖像、颜色、形状、图案和尺寸。

■ **材料**：彩色塑料小马珠、易拉环（来自汤、蔬菜和/或软饮料罐）、彩色超精细记号笔、码尺或普通直尺、铝箔纸、烤盘、烤箱、丝带或纱线、带相机的数字设备、丙烯密封剂

■ **安全**：在通风良好且远离儿童的地方熔化珠子。监督孩子们处理小珠子时的情况。

■ **准备**：

1. 用铝箔纸盖住烤盘并喷上薄薄的一层防粘喷雾油。

2. 将烤箱预热至约204摄氏度，让孩子们选择一个易拉环和两颗小马珠（一个用于面部、一个用于衣服）。如果您使用如蔬菜罐的易拉环，您或许需要用两颗珠子填充底部。

3. 让每名孩子将易拉环放在烤盘上，接着将面部颜色的珠子放在上面较小的部分，衣服颜色的珠子放在下面部分。如果是非常年幼的孩子，请将珠子和易拉罐放在桌上，让每名孩子上前，在老师的观察下制作项目。

4. 将珠子烘烤至熔化（约204摄氏度，5—10分钟），待其冷却后再触碰。

图片 4.22
易拉环人像

■ **步骤**：根据孩子的需求进行指导和帮助。

1. 在易拉环人物冷却后，讨论物理科学概念，即是取一个固体珠子，加热使其变成液体填充整个部分，冷却后变回固体。

2. 告诉孩子们使用超精细记号笔添加细节，例如嘴巴、眼睛、鼻子、头发、衣领和纽扣。

3. 在人物完成后，在易拉环人物上薄薄地喷上密封喷雾，以延长保存时间。待其干燥。让孩子们使用码尺或直尺测量并剪下一段约60厘米的纱线或丝带，通过在两端打一个结来用作项链。将结粘到易拉环人物背面并让其干燥。

4. 在易拉环人物项链干燥后，让每名孩子为它命名、佩戴、展示并谈论他们的角色是谁，以及是怎样创造它的。

5. 让孩子们写下或口述一个关于易拉环人物的故事，与班级分享。

6. 在他们读故事时，用带相机的数字设备记录，以便孩子们多次观看。观看自己的视频时，其他孩子们将帮助他们了解下次需要做什么改进以在下一次做得更好。

■ **辅助提示**：

◆ 您或许需要调整熔化珠子所需的时间。

◆ 可以取代纱线，在其背面添加一块磁铁制成冰箱贴。

◆ 由于易拉环有锋利的边缘，请小心处理。

■ **探索有趣的事实**：用于激励和启发进一步学习。

◆ 珠子长期以来被用作货币。

◆ 珠子已存在了数千年。

◆ 珠子由不同的材料制成，例如塑料、玻璃、岩石、木材、贝壳、水晶、黏土。

◆ 小马珠被认为是在约1675年引入的。

◆ 一些说法表示小马珠（Pony Beads）名称的缘由是商人用小马运输珠子。

◆ 易拉环是在1962年，由来自美国俄亥俄州代顿市的厄尔默·弗莱兹（Ermal Fraze）发明的。

◆ 回收的易拉环比易拉罐含有更多的铝。要检查易拉环是否可用于回收铝，请使用磁铁。如果易拉环没有吸住磁铁，则说明它是铝制，可用于回收。

◆ 回收一个铝罐节省的能源足以让一台电视运行三小时。

◆ 100万个易拉环重量约为362千克，1,267个易拉环约重0.5千克。

表格4.21　孩子们能由易拉环人像学习什么

视觉艺术：
1. 确定通过各种线条和颜色创造面部特征的不同方法。
2. 使用原色和二次色来增加趣味性。
3. 在熔化的珠子上绘画之前混合并尝试不同的颜色。
4. 画出用于角色的初步想法草图。

科学：
1. 探索液体和固体的特性。
2. 预测当塑料被加热时会发生什么。
3. 观察当液体变硬成固体时是什么样子的。
4. 研究当对固体加热时分子结构中发生了什么。
5. 将分子结构的不稳定性比作热气球，热量会增加空气分子的能量并使它们移动得越来越快，从而对气球的表面施加越来越大的压力。这是导致气球膨胀的原因。
6. 观察液体膨胀至占有容器的形状。

数学：
1. 使用码尺测量并剪下一段约60厘米的纱线。

语言：
1. 阅读有关热量对分子的影响，以及这种变化如何导致塑料熔化的信息文本。
2. 描述塑料熔化成液体的过程。
3. 讨论角色的特征和产生的印象。

基于美国幼儿教育协会、美国共同核心州立标准、新一代科学教育标准、美国核心艺术标准

回收再造

■ **科学、技术、工程、艺术、数学和语言**：通过创造升级再造/回收利用，孩子们学习与人合作、解决问题、进行三维构建、运用各种设计元素，例如平衡、线条、形状、形式、质地、颜色和空间、电子邮件用法、运用创造性思维将物品回收/再造为艺术品。

■ **材料**：丙烯或蛋彩颜料、颜料刷、记号笔、剪刀、各种不同尺寸和形状的再生/废旧的塑料和纸板盒、瓶盖、毛绒条、塑料吸管、纸板管，以及装饰物品，例如纱线、毛绒条、亮片、手工劳作纸、泡沫形状装饰（foam shapes）、棉球、低温胶枪和胶棒，以及数码相机。

■ **安全**：帮助孩子们使用胶枪。在年幼儿童处理塑料盒的锋利边缘和使用剪刀时进行监督。

■ **准备**：

1. 提前约两个月开始收集各种物品，例如盒子、杯子、饮料盖、吸管等。向家长们发一封电子邮件，寻求可能变成艺术项目的独特废弃物。提出一些建议的物品。请家长清洗容器后将其带到收集区。请确保准备一个箱子供父母、孩子或其他希望贡献的人们投递。

2. 在艺术项目开始约两周前，询问孩子们班级可以怎样整理回收物品箱，以便使用起来更容易。请准备几个不同尺寸、相对更小的盒子，并让孩子们解决问题，他们可以怎样使用较小的盒子对相似物品进行分类。

3. 让孩子们帮助您将物品分类并整理到小盒子中。将不同类型的塑料瓶归类至一个盒子中，带盖的塑料容器在另一个盒子中，饮料盖归入一个小盒子。

4. 分享由潘·薛恩曼（Pam Scheunemann）所著的《酷塑料项目：将垃圾升级再造为宝物的创新方法》（*Cool Plastic Projects: Creative Ways to*

Upcycle Your Trash into Treasure）。让孩子们集思广益，分享将废弃物升级再造为艺术品的想法。向他们展示著名的回收艺术和线上其他的垃圾变珍宝项目。

■ **步骤：**根据孩子的需求进行指导和帮助。

1. 将不同材料放置于各容器中，以便孩子们使用拿取，例如胶水、低温胶枪、胶棒、剪刀、颜料、颜料刷、记号笔、毛绒条、亮片、宝石、纱线、塑料眼睛饰材、订书机、订书钉、工艺棒、手工劳作纸。将收集的回收物品一同摆放。

2. 在阅读关于回收的书籍并向孩子们展示艺术家使用回收材料创作的网站后，请他们思考可以使用其中一些再生/废旧物品设计或雕塑什么。

3. 让孩子们从容器中选择物品并进行设计。这将是一个关于解决问题的好项目，孩子们可以进行试错。在这过程中四处走走为孩子们提供便利，并提出一些问题，例如："如何可以解决他们现在遇到的问

图片4.23
斯凯勒享受制作丽娜
机器人的乐趣

题？""他们可以增加什么使结构更稳定？"给他们时间试错，以及进行创作。

4. 在他们的项目完成后，孩子们将分享并介绍它、他们使用的材料、是如何完成的、添加的装饰、最喜欢的过程部分、最困难的部分，以及下一次会做出什么改进。拍一张数字照片。

5. 让孩子们给某人发电子邮件，告诉他们如何通过升级再造制作艺术品以及为什么回收很重要。根据作者的能力，他们可以包括工序的编号步骤。为孩子们准备电子邮件使用说明和完成项目的图片，作为附件发送给他们认识的人，例如祖父母、同辈堂亲（或表亲）、兄弟姐妹或朋友，并请对方发送一张制作的回收项目图片。教师将需要帮助孩子们打开电子邮件、添加附件并发送电子邮件。

■ **辅助提示：**

◆ 这是一个适合世界地球日的好项目。

图片 4.24
这两个箱龟和海龟是罗斯的最爱

■ **探索有趣的事实**：用于激励和启发进一步学习。

◆ 用过的纸可以循环使用大约七次。

◆ 玻璃可以反复回收利用。

表格4.22 孩子们能由回收再造学习什么

视觉艺术：

1. 使用各种艺术材料来构建一个项目。
2. 评估收集的材料以确定要构建的结构或人物的类型。
3. 试验可以将各个部分组合在一起的不同方式。
4. 在发明或构造一个人物或结构时考虑平衡、力量和比例。
5. 在构建过程中进行试错。
6. 选择形状和颜色来装饰或表现人物或结构的真实部分。

工程：

1. 参与一个项目的问题解决、设计和构建。
2. 设计使各部分活动的方法。
3. 确定移动部件时的因果关系。
4. 注意改变不同部分的比例时其尺寸的变化。
5. 在工程或科学笔记本中记录图画和描述。

科学：

1. 对回收物品进行对应和分类。
2. 在创作升级再造项目时，使用与大小、形状以及加、减、除法运算相关的数学术语。

语言：

1. 识别并使用丰富的词汇口头描述回收过程的细节。
2. 通过为他人写下重制产品的分步说明来培养写作技巧。
3. 使用插图展示制作项目的步骤。
4. 说明本项目的主题是如何确定的、构建想法、构建过程中遇到的问题及解决方法。
5. 在回答可生物降解和不可生物降解等问题时使用与回收相关的术语。

基于美国幼儿教育协会、美国共同核心州立标准、新一代科学教育标准、美国核心艺术标准

人行道交换画

■ **艺术、语言：**通过创造人行道交换画，孩子们学习共同协作、混合颜色、对思想和灵感进行自我表达、参与运用想象和视觉讲故事、解决问题、发展精细运动技能、专注力、运用有关艺术的词汇交流。

■ **材料：**彩色人行道粉笔（购买或自制）、便携式音乐播放设备、音乐选曲、一些勺子和碗

■ **安全：**请注意年幼孩子们的日晒，以及附近如有汽车交通的情况。

■ **准备：**

1. 如果您自制人行道粉笔，在项目开始前一周制作。网上有许多简单的配比方法。可以在碗中混合各种成分，由孩子们搅拌，倒进竖直的卫生纸卷，以晾干24—48小时。

2. 让孩子们在人行道上选择一块长方形，以及一支人行道粉笔。大多数人行道由沟槽分隔，如果您在一块没有沟槽，宽广的混凝土平面上，您将需要创造一些长方形方格。请制作足够多的长方形让每名孩子都有一块。请确保他们有足够空间来创作。设置您的音乐设备。

3. 如果可以，指导孩子们在顶部写下他们的名字。如果不能，您则需要在各方块中写下每个名字。他们到项目末尾或许不能识别自己的长方形。

4. 分享比尔·汤姆森的《粉笔》一书，谈论他们用魔力粉笔画出的事物。询问孩子们书中的儿童是如何想出这些角色的。

■ **步骤：**根据孩子的需求进行指导和帮助。

1. 告诉孩子们当音乐开始时，他们要开始用一支人行道粉笔绘画。要画的内容则是依据他们的选择。

2. 选择一曲您喜欢的古典音乐，播放两三分钟，然后暂停音乐，告诉孩

子们停止绘画。选择另一首乐曲播放。

3. 孩子们要离开他们的图画，移动到右边的下一个方块。每名孩子都向右移动。如果是最后一个，则要走到第一个方块。

4. 告诉孩子们观看面前的图画，并开始添加一些东西。他们不能询问对方的意愿。

5. 继续此过程，直到孩子们回到自己的方块。您可能需要调节时间，以让他们最后回到最初开始的方块。

6. 给孩子们一些时间欣赏这个艺术作品，之后让他们分享自己的想法。询问他们最初打算画什么，现在这幅画是什么。

7. 与他们谈论当时的音乐。他们听音乐时有什么感觉？他们是否感到快乐、悲伤、愤怒或平静？告诉他们您播放了什么音乐，是哪位艺术家，他/她试图传达什么。改变您与孩子使用的音乐，以适用于不同的主题。例如，您可能有动物主题，使用普罗科菲耶夫（Prokofiev）的《彼得与狼》(*Peter and the Wolf*) 或是圣-桑斯（Saint-Saens）的《动物狂欢节》(*Carnival of the Animals*)。使用来自不同文化的音乐，例如澳大利亚原住民鹤舞（Australian Aboriginal Crane Dance）或使用迪吉里杜管的鸸鹋和袋鼠舞（Emu and Kangaroo Dance）。

■ **辅助提示：**

◆ 如果是一大群孩子，让他们到指定数量的街区，例如三块街区。

■ **探索有趣的事实**：用于激励和启发进一步学习。

◆ 如果您用粉笔在蚂蚁周围画一条线，它们不会越过去。

◆ 英格兰肯特郡的多佛白崖是白垩不容易被空气和水侵蚀的例子。

◆ 东萨塞克斯郡的七姐妹白崖有七座悬崖峰，分别命名为Haven Brow、Short Brow、Rough Brow、Brass Point、Flagstaff Point、Bailey's Hill，以及Went Hill Brow。

◆ 粉笔艺术家们已经从洞穴绘画发展到马路绘画，再到三维街头艺术。

请见库尔特·温纳（Kurt Wenner）的三维大峡谷装置。

表格4.23　孩子们能由人行道交换画学习什么

视觉艺术：

1. 用不同颜色的粉笔添加到角色和场景中。

2. 制作不同类型的线条和圆圈，以创造角色和场景并添加细节。

3. 混合和晕染颜色以获得不同的效果。

4. 寻求新的方法来为社区图画添加颜色和形状。

5. 用特定主题或话题进行创作，例如太空主题。

音乐：

1. 在创作图画时聆听不同种类的音乐。

2. 注意感受，由音乐引发，随着音乐类型而变化。

3. 描述节奏如何影响思考、绘画和着色的速度。

语言：

1. 说出这一活动如何影响绘画和涂色的想法。

2. 为完成的项目起一个名字，并讲一个关于它的故事。

3. 分享关于共享粉笔、添加到其他孩子的作品以及看到其他孩子对你作品所做的更改的感受。

4. 表达对于完成项目的感受。

基于美国幼儿教育协会、美国共同核心州立标准、新一代科学教育标准、美国核心艺术标准

零食罐结构

■ **科学、工程、艺术、数学、语言和社会学科**：通过创建零食罐结构，孩子们学习进行设计、试验、解决问题、观察、测量，运用平衡、对称、模型、尺寸、颜色以及精细和大肌肉运动技能来建造结构。

■ **材料**：多种尺寸的薯片零食罐、丙烯或蛋彩颜料、颜料刷、超精细记号笔、纸巾、尺子、一部手机、平板电脑或数码相机。

■ **安全**：帮助和监督孩子们使用颜料和罐子。

■ **准备：**

1. 在项目开始前几周收集多种大小的薯片零食罐。请家长们协助收集。准备一个投递箱。
2. 购买一个用于存放的箱子，将其摆放至孩子们能够轻易拿取的区域。告诉他们这是每次完成建造后把结构件收起来的地方。
3. 预览一些有关工程知识的网站，以与孩子们分享，并打印一些世界著名结构的图片，比如埃菲尔铁塔、帝国大厦和吉萨大金字塔（Great Pyramid of Giza）。

■ **步骤：**根据孩子的需求进行指导和帮助。

1. 分享一些关于工程学的趣味知识，展示世界著名建筑结构的图片，并询问孩子们是谁设计了这些结构，以及他们是如何做到的。使用相关词汇促进关于工程师的对话。例如，假如工程师有一个假设（猜想；他们认为会发生什么），然后他们制定一个设计（计划），试验（测试它），之后运用了平衡、模型、颜色、尺寸和形状来创造它。最后，

图片 4.25
零食罐结构

他们观察（发生了什么）关于他们下一次将做什么以使它变得更好。

2. 告诉孩子们他们将要在一些部件上涂色，班级将会用于搭建类似他们刚才谈论的结构。给每名孩子一个薯片零食罐，并让他们取下塑料盖。收集盖子并保存。

3. 将不同的颜料和绘画工具放在桌上，并让孩子们用他们想要的颜色和方式涂画罐子。他们也可以用手指涂色。待其干燥，装回盖子。

4. 让孩子们分成小组，使用涂画罐搭建一个尽可能高的结构。

5. 让一些孩子帮助您测量每组搭建的结构。记录每组结构的高度，看哪组搭的结构最高。为各小组结构拍照片。

6. 展示每组的结构图片，向获胜组提问，他们是如何把结构搭得这么高。询问其他组，下次将做出什么改进来让它变得更高。

7. 让每组命名他们的结构。之后，告诉他们您将制作一份关于所建造结构的报纸，并且您需要他们的帮助。他们将写一个关于各自结构的小故事，它是由谁建造的（他们的名字）、它被命名为什么，以及他们是如何建造它的。鼓励他们使用工程和艺术术语，例如假设、设计、试验、平衡、模型、颜色、尺寸、形状、观察。

8. 使用您拍摄的图片和他们的故事制作一份简单的报纸。

■ **辅助提示：**

◆ 可采用喷绘零食罐的方法，以节省时间。首先喷涂底漆。

◆ 在孩子们给罐头涂色时，请准备充足的纸巾（湿纸巾与干纸巾）。

◆ 请确保阐明每名孩子都在制作一个大家都将使用的结构部件。

◆ 准备一个储物箱，并从头开始教孩子们怎样收拾物品。

■ **探索有趣的事实：** 用于激励和启发进一步学习。

◆ 工程师们运用数学与科学解决实际问题并制造物体。

◆ 阿联酋迪拜的哈利法塔是世界上最高的建筑，高约828米。

◆ 帝国大厦是第一座超过100层的建筑。

◆ 有20,000名工人帮助建造印度的泰姬陵。

◆ 埃菲尔铁塔已有超过2.5亿参观者，其高度为330米。

◆ 吉萨大金字塔是世界古代奇迹中最古老的。

表格4.24 孩子们能由零食罐结构学习什么

视觉艺术：
1. 用手指、刷子和海绵涂画零食罐。
2. 混合和试验各种颜色以达到不同的效果。
3. 调查天然圆柱体，树茎和树干以及人造柱子支撑重量的方式。
4. 绘制草图以制定建筑物的平面图。
科学/工程：
1. 参与解决问题、设计和建造。
2. 用科学方法指导思想和努力。
3. 确定加强圆柱结构以支撑高度的方法。
4. 通过用圆柱体建造结构获得科学推理。
5. 在建造试错阶段培养空间感。
数学：
1. 使用非标准单位估算结构的高度。
2. 将估算高度与标准的高度测量值进行比较。
3. 通过施加压力来测试柱子的强度，直到柱子在压力下开始弯曲/垮掉。重复这一步，测试其他三维几何形状以确定最能承受压力的形状。
4. 运用逻辑来确定底部柱子的大小和数量如何影响稳定性。
5. 通过反复试错确定在重叠时可以增加或减少多少圆柱体。
语言：
1. 在小组工作时分享想法。
2. 讨论问题和成果。
3. 发展与几何和科学方法相关的词汇量。
4. 用草图表达知识和各种想法。
5. 讨论并阐述解决问题的步骤。
6. 使用科学、工程和数学术语提问和回答问题。
社会学科：
1. 向世界各地的人们学习使用柱子建造著名建筑的方法。
2. 在地图上找到圆柱形结构的位置，例如比萨斜塔和机场控制塔。

基于美国幼儿教育协会、美国共同核心州立标准、新一代科学教育标准、美国核心艺术标准

翱翔的塑料袋蝴蝶

■ **科学、艺术和语言**：通过制作塑料袋蝴蝶，孩子们学习蝴蝶的生命周期和其他有关蝴蝶的知识。他们学习有关蝴蝶的变态、迁徙、身体部位、颜色、对称性、图案,以及回收/升级再造的词汇。

■ **材料**：折扣商店塑料袋（一个普通大小的袋子可以制成16个长方形）、黑色毛绒条（每名孩子一根），或涂色的木衣夹、胶水和塑料眼睛饰材

■ **安全**：注意年幼孩子们处理塑料袋时的情况。

■ **准备**：

1. 在进行艺术项目的前几周收集折扣商店的塑料袋。请家长协助收集。准备一个箱子用于投递塑料袋。如果袋子碰巧是不同颜色，是很好

图片 4.26
翱翔的塑料袋蝴蝶

的。通常，商店都有自己标志性的彩色袋子。

2. 当您收到袋子时，将它们准备好（希望您有几种色彩的袋子）。要准备好袋子，首先剪下提手。第二步，剪下袋子底部，紧邻接缝的上方。第三步，将双层的袋子抚平，在折叠处把两边剪开，这样就有了两片。第四步，将这两片分别对折并剪开折叠处，制成四片。继续这一步骤直到有16个长方形。

3. 为孩子们查阅有关蝴蝶的书籍。朗读几本，例如黛博拉·海利格曼（Deborah Heiligman）的《从幼虫到蝴蝶》（*From Caterpillar to Butterfly*）以及蒂什·拉贝（Tish Rabe）的《噢，天呀——一只蝴蝶：关于蝴蝶的一切》（*My, Oh My — A Butterfly: All About Butterflies*）。与孩子们分享一个关于蝴蝶的网页，并讨论其身体的各个部分、特征和颜色。

■ **步骤**：根据孩子的需求进行指导和帮助。

1. 分享马夫·弗格森·德拉诺（Marfe Ferguson Delano）的《探索我的世界蝴蝶》（*Explore My World Butterflies*），讨论关于蝴蝶的生命周期、变态、迁徙和它们对植物生命的重要性。询问孩子们其颜色。两侧的翅膀是否相同？请确保在促进对话时使用相关词汇（对称性）。

2. 在讨论后，为每名孩子提供剪好的长方形袋子、毛绒条或衣夹、塑料眼睛饰材和胶水。

3. 将彩色的塑料袋长方形堆叠在桌上，让每名孩子得到至少三片长方形（最好是不同颜色的）。他们可以使用更多。请在没有风扇或吹风的区域进行此项目。袋子的重量很轻，对孩子们来说长方形片较难控制。

4. 当孩子们有了自己的塑料袋长方形时，将它们一个一个地叠起来。将叠好的塑料袋矩形在中间束起来，并用黑色的毛绒条绕袋子拧两圈（演示）。在毛绒条上移约2厘米的位置再次扭转制成头部，然后卷曲末端制成触角。将眼睛粘在头部。

5. 给孩子们时间展示蝴蝶并谈论它们。之后，让孩子们口述句子以完成一个语言体验故事，关于他们如何设计蝴蝶以及为什么了解蝴蝶是重要的。他们也可以写事实或故事。

■ **辅助提示：**

◆ 在您进行此项目前几周开始收集塑料袋。

◆ 在远离孩子的情况下，使用锋利的剪刀剪袋子。

◆ 留意处理袋子的孩子们，以免发生哽咽或窒息。

◆ 剪长方形时，确保没有风吹过或周围没有风扇，它们易被吹走。

■ **探索有趣的事实：**用于激励和启发进一步学习。

◆ 蝴蝶用一种特殊的胶将卵附着在树叶上。

◆ 蝴蝶的脚部有味觉感受器。

◆ 蝴蝶的身体温度如果低于30摄氏度，则无法飞行。

◆ 蝴蝶的骨骼位于身体的外部，称为外骨骼。

◆ 蝴蝶的大小从0.3厘米到30厘米不等。

◆ 一只蝴蝶的最高速度约为19千米/小时。

◆ 蝴蝶每秒拍动翅膀约5次。

◆ 南极洲是唯一没有发现蝴蝶的洲。

◆ 蝴蝶用舌头吸取花蜜。

表格4.25 孩子们能由翱翔的塑料袋蝴蝶学习什么

视觉艺术： 1. 按照说明制作一只蝴蝶。 2. 将4个翅膀固定在蝴蝶的身体上。
科学： 1. 检查和探索蝴蝶和飞蛾之间的区别。 2. 注意蝴蝶有4个翅膀。 3. 探询维持蝴蝶生命的温度。 4. 解释蝴蝶为什么不生活在南极洲。

续表

语言：

1. 描述塑料袋蝴蝶上可见的蝴蝶组成部分。

2. 阅读书籍和在线资源以确定关于蝴蝶的生命周期、食物和生存的关键事实。

3. 用事实写记事卡，以便在询问和回答有关蝴蝶的问题时使用。

4. 口述或写一个关于蝴蝶的故事。

社会学科：

1. 在地图上追踪蝴蝶在世界各地的迁徙路线。

2. 追踪蝴蝶在熟悉区域内的迁徙路线。

3. 测量蝴蝶在大陆内部和大陆之间飞行的英里数。

基于美国幼儿教育协会、美国共同核心州立标准、新一代科学教育标准、美国核心艺术标准

静物画

■ **科学、技术、艺术、数学和语言**：通过这项异想天开的活动，孩子们可以发挥想象力，探索不寻常的混色、形状和设计，这些或许会与现实世界相符或不相符。他们可以将物体分类为无生命物体或生命体。

■ **材料**：最喜爱的填充动物玩偶或可动人偶、帆布板、帆布、丙烯纸、水彩纸或炭画纸、蛋彩或丙烯颜料、颜料刷、水、纸巾、纸盘或调色板、桌布和相机（手机、平板电脑、数码相机）

■ **安全**：确保填充动物或可动人偶没有可拆卸的小零件。

■ **准备**：

1. 请孩子们将他们最喜欢的毛绒动物或可动人偶带到学校。

2. 为没有带玩具来学校的孩子们准备一些填充动物和可动人偶。

3. 选择在活动中强调的词汇、字母和口语语音。

4. 分享安吉拉·文策尔（Angela Wenzel）的《孩子们应该知道的 13 幅绘画作品》（*13 Paintings Children Should Know*），并讨论他们所创作绘画

的技术、透视和灵感。

■ **步骤：** 根据孩子的需求进行指导和帮助。

1. 将填充动物玩偶放在孩子们面前。讨论它们的形状和组成部分。

2. 为孩子们提供一种媒介的选择（炭笔、铅笔或浅色颜料），让孩子们用于勾画出填充动物玩偶的简单形状。一些孩子可能选择不画草图直接作画。

3. 让孩子们决定是否在角色后面画背景，或是只画角色。

4. 如果孩子们找不到与填充动物或活动人偶接近的颜色，他们可以使用自己选择的颜色。鼓励他们混合颜色。签名并晾干。

5. 在图片干燥后，将它们放在房间各处，并将填充玩偶或可动人偶放在一旁。让一半的班级同学成为观众，另一半则作为艺术家站在他们的

图片 4.27
对玛丽·伊莉丝来说
静物画很有趣

作品旁。他们将谈论关于他们的艺术作品，并回答关于颜色、形状或设计的问题。一段时间后，交换成为观众和艺术家。为每名孩子的艺术作品和填充动物玩偶或可动人偶拍一张照片并打印。

6. 次日，让孩子们写下或口述一个关于他们的填充动物玩偶或可动人偶的故事，并将图片放在一起。之后，将故事与图片装订成班级图书，将它放在书架上供全班阅读，也可以记录下孩子们大声地朗读故事。

■ 辅助提示：

◆ 介绍关于色彩轮和混色的方法。

◆ 丰富孩子们有关其他著名静物画家作品的知识。

◆ 给孩子们时间探索颜料、刷子和其他绘画工具。

■ 探索有趣的事实：用于激励和启发进一步学习。

◆ 历史上最早的静物画是由埃及人在公元前15世纪创作的，但静物画直到17世纪才开始盛行。

◆ 当物体以特定方式布置并绘制时，它被称为静物画。

◆ 一些常见的静物布置物品是水果、花朵和玻璃制品。

◆ 梵高画了2,000幅艺术作品，但他在世时只卖出了一幅作品。

◆ 梵高的《雏菊与罂粟花》(Vase with Daisies and Poppies)以近6,200万美元的价格售出。

◆ 著名艺术家们有许多兴趣，例如科学、数学和音乐。

◆ 保罗·塞尚(Paul Cezanne)以他的静物画著名，尤其是水果。他曾说："用一颗苹果，我将震惊整个巴黎。"

◆ 费德·加利齐亚(Fede Galizia)是来自意大利的著名女性静物画家。

表格4.26　孩子们能由静物画学习什么

视觉艺术：
1. 探索自然界中动物的颜色、形状、坚硬/柔软和大小。
2. 将自然界中发现的颜色与填充动物玩偶或可动人偶的颜色进行比较。
3. 学习关于想法可通过艺术以不同的方式来表达。
4. 探索如何使用颜色和阴影。
5. 组合各种线条形状来创造动物或可动人偶的图画。
传媒：
1. 将技术视为实现特定学习目标的工具。
2. 独立或与一名伙伴一起参与数字故事讲述。
科学：
1. 将填充动物玩偶的图片和真实动物的图片相比较，并探索相似之处和差异。
2. 学习有关生物和非生物的区别。
3. 明确动物和人的需求。
4. 思考如果填充动物和可动人偶变成真实的会发生什么。
数学：
1. 识别、比较三维形状和动物的二维图片。
2. 按大小、颜色、腿的数量和其他属性对填充动物玩偶和可动人偶进行分类。
3. 用标准和非标准尺寸测量填充动物玩偶的高度，比较图片与实物的大小差异。
语言：
1. 口述或写下关于最喜欢的动物/可动人偶的故事。
2. 描述物体和完成的艺术品之间颜色与设计的差异。

基于美国幼儿教育协会、美国共同核心州立标准、新一代科学教育标准、美国核心艺术标准

外卖盒向日葵

■ **科学、艺术和数学**：制造向日葵，让孩子们学习花朵的各部分以及有关种子的知识。他们也将使用三维结构、回收、质地、阴影和颜色来设计花朵。

■ **材料**：丙烯或蛋彩颜料、颜料刷、回收塑料外卖盒、像花盆的塑料盒（品脱冰淇淋盒）、塑料水瓶底部用于制作小花朵、工艺棒、手工劳作纸、土

图片 4.28
斯凯勒认为她的外卖
盒向日葵看起来几乎
像真的一样

壤、胶水和一部相机（数码相机、手机或平板电脑）

■ **安全**：请注意年幼孩子们剪切和处理塑料盒的锋利边缘以及处理种子时的情况。确认孩子们是否对坚果或葵花籽过敏。

■ **准备**：

1. 为项目收集外卖盒和塑料盒。请家长们协助收集。为家长和孩子们在容易接近的区域放一个收集箱用于投递容器。提醒家长在投递前清洗并擦干盒子。

2. 从背面连接处剪下外卖盒上半部分。这会让材料数量翻倍。

■ **步骤**：根据孩子的需求进行指导和帮助。

1. 如果可能的话，给孩子们展示一朵真正的向日葵。如果没有，展示向日葵的图片并讨论他们看见了什么，形状、色彩、大小、设计、图案和组成部分。之后，阅读罗拉·薛佛（Lola M. Schaefer）的《这是向日葵》（*This is the Sunflower*）。

2. 告诉孩子们将他们的木制工艺棒画成绿色的茎。待其干燥。

3. 在等待茎干燥时，让每名孩子使用剪刀将外卖盒剪成一朵向日葵。现在，将内部画成向日葵的样子。请确保将向日葵的图片置于桌上以激发灵感。提醒孩子们他们可以看见的许多色彩。例如，花瓣有浅黄和深黄色，其中有的带有棕色或白色。中心也并非只有一种颜色。询问他们看见了什么。让其干燥。

4. 在花朵干燥后，使用极细记号笔添加细节。完成后，将涂色的工艺棒粘在向日葵背面作为茎。待其干燥。在它干燥后，剪出叶片粘在茎上。塑料瓶底可以画成小向日葵。

5. 让孩子们将他们的假花种在品脱冰淇淋盒或其他容器中，并用土壤或其他类似土壤的材料填充，以使向日葵保持直立。

6. 让孩子们展示并讨论这件艺术品。询问他们还可以回收什么材料用于制作向日葵或其他花朵。如果学校有花园区域，将向日葵籽种下，让孩子们观察其生长。测量植物的生长进度并在生长图表上持续记录。可以拍摄数字图片来记录生长情况。可以为野生动物将种子放入喂鸟器中。询问孩子们除了鸟类还有其他哪些生物可能会吃这些种子（松鼠和老鼠）。给孩子们讲讲来自向日葵的产物，比如葵花籽油、粗粉和种子，以及世界上哪个地区栽培的向日葵数量最多。

■ 辅助提示：

◆ 当您将盒子剪开时，摸一摸边缘是否有尖锐处，并将其去除。

◆ 孩子或许需要在盒子干燥后涂上多层颜料来遮盖它的颜色。

◆ 向孩子展示真正的向日葵及向日葵籽的图片。

■ **探索有趣的事实**：用于激励和启发进一步学习。

◆ 向日葵原产于美洲，被美洲原住民印第安人广泛用于制作油、面包、药膏、染料和人体彩绘。

◆ 堪萨斯州被称为向日葵之州。

◆ 向日葵还是乌克兰的国花。

◆ 荷兰画家文森特·梵高有一幅著名的艺术作品，名为《向日葵》。

◆ 成熟的向日葵花头朝向东方，幼小的花苞追寻太阳的方向。

◆ 高大的向日葵品种可以长到约3.6米高。

◆ 向日葵是让孩子种植的好选择，因为它们生长速度快。

◆ 向日葵种子可以用来喂鸟或让孩子们食用，如果他们不对种子过敏。

◆ 2012年，宇航员唐纳德·佩蒂特（Don Pettit）带着向日葵种子一起太空旅行。

表格4.27 孩子们能由外卖盒向日葵学习什么

视觉艺术： 1. 画一朵逼真的向日葵，包括它的茎和叶。 2. 混合并试验各种颜色，为向日葵创造逼真的效果。 3. 画出向日葵的各个部分。
科学： 1. 说出花朵和叶子的物理特征。 2. 比较由人造产品制作的向日葵与在土壤中自然生长的向日葵随时间变化的外观差异。 3. 探索向日葵每个部分（花瓣、柱头、花柱、花药、花丝、雄蕊、雌蕊、萼片、茎）的作用。 4. 研究向日葵为健康和生长所需摄取食物的方式。
5. 阐释光合作用的阶段。 6. 确定光合作用在向日葵植物生长中的作用。 7. 解释授粉过程。 8. 调查为什么种植更多的树木和灌木会减少碳足迹。
数学： 1. 测量种植在土壤中的向日葵的生长情况。 2. 用日志记录向日葵植株的周期生长。

续表

> **语言：**
> 1. 把"光合作用"这个词分解成光与合成两个部分。
> 2. 探索包含"光合作用"一词中单个部分的其他词汇。
> 3. 制作插图来显示光合作用和授粉的各个阶段。
> 4. 以连环画的形式，画出虚构人物，并对光合作用和授粉的各个阶段进行简要说明。

基于美国幼儿教育协会、美国共同核心州立标准、新一代科学教育标准、美国核心艺术标准

了不起的图腾柱

■ **艺术、语言和社会学科**：通过构建图腾柱，孩子们学习在艺术中运用象征主义来讲故事。他们也学习有关其他文化及其传统，以及动物、设计元素、图案、对称性、描图、绘画和回收利用。

■ **材料**：单个塑料薯片杯（*每名孩子5—7个*）、胶水、永久性记号笔、用于塑料的水性底漆、丙烯或蛋彩颜料、颜料刷、彩色手工劳作纸、草稿纸、剪刀、不同尺寸的塑料眼睛饰材、一部相机或手机

■ **安全**：观察和帮助年幼孩子们使用胶水、剪刀和塑料眼睛饰材。

■ **准备**：

1. 收集单独的塑料薯片杯，每名孩子5—7个，并喷涂水性底漆。待其干燥。家长们可以协助收集。准备投递箱。
2. 从图书馆借阅有关图腾柱的书籍，之后将它们放在孩子们易拿取的区域。请见下方推荐的虚构和非虚构书籍。

■ **步骤**：根据孩子的需求进行指导和帮助。

1. 大声朗读德布·瓦纳斯（Deb Vanasse）的书籍《图腾传说：阿拉斯

加的传奇故事》（*Totem Tale: A Tall Story for Alaska*），以及/或是黛安娜·霍伊特-戈德史密斯（Diane Hoyt-Goldsmith）的书《图腾柱》（*Totem Pole*）中的故事并展示图片。讨论美洲原住民印第安文化使用的符号、角色和颜色，以及其中传达的影响了历史的荣耀和信仰。询问孩子们如果他们要设计图腾柱，会运用什么符号，以及其象征意义。

2. 给孩子们一些时间创造一个故事，并决定要在图腾柱上使用什么符号和角色来传达他们的故事。

3. 为孩子们将涂好底漆的塑料薯片杯、颜料和极细记号笔置于桌上。请他们首先在纸上描绘出创意，这样他们可以判断各种特征需要画多小，并确定每个角色的基色。

4. 让孩子们为图腾柱的每一节涂上底色，并待其干燥。

5. 待其干燥后，孩子们将为每个部分的角色勾画出简要的面容特征，比如鼻子、喙、耳朵、牙齿、嘴巴和眼睛。在他们对勾勒效果感到满意后，画出细节并待其干燥。若他们对其中一节不满意，他们可以重

图片4.29
了不起的图腾柱

新涂上底色，待其干燥并重画。将各薯片杯像塔一样互相重叠粘在一起。然后，涂画眼睛或粘贴上塑料眼睛饰材。

6. 在它干燥后，孩子们可以任意添加其他的细节或装饰，例如翅膀和鹿角。

7. 让孩子们分享他们的图腾柱，并讲述他们为什么选择了这些符号或角色。

8. 请孩子们写出一个关于他们的图腾柱的故事并在课堂上分享。您可以拍一张相片补充到故事中，并将班级故事装订成册，复印给每名孩子一份。

■ **辅助提示：**

◆ 在项目开始前用水性底漆喷涂薯片杯，以节省颜料。留出干燥时间。

◆ 这一项目可耗时几周，以完成图腾柱的所有部分。

■ **探索有趣的事实：**用于激励和启发进一步学习。

◆ 美洲原住民图腾柱主要使用四种颜色，黑色、红色、绿松石色和白色。

◆ 动物是图腾柱中的常见角色，主要动物种类是鹰、乌鸦、雷鸟、熊、海狸、狼、虎鲸和穴居人。

◆ 咀嚼过的鲑鱼卵曾被用作原始颜料，各种颜色也曾由浆果、苔藓、铜和粘土制成。

◆ 美洲原住民的图腾柱雕刻工具有贝壳、鹿角、海狸牙、骨头、木头和石头。

◆ 图腾柱有四种类型，故事柱、悼念柱、祖先谱系柱和纪念柱。

◆ 图腾柱通常竖立在部落首领家门外。

◆ 阿尔衮琴画像描绘部落的传说、特殊仪式、可耻的行为和逝世。

表格4.28 孩子们能由了不起的图腾柱学习什么

视觉艺术：

1. 体验印第安人用本地找到的花瓣和树叶制作颜料的方法。
2. 通过加热从花、果实和树叶中提取的颜料并与面粉等黏合剂混合，试验制作墨水、染料或颜料。
3. 调查印第安艺术的文物或图片，寻找色彩组合和设计的灵感。
4. 使用在当地找到的天然材料创建质地特征。
5. 设计、绘制和剪出要添加到图腾柱上每个图形的特征。
6. 运用大小和平衡，用圆形薯片杯构建坚固的图腾柱。

社会研究：

1. 探索当地，寻找本土的自然物品。
2. 探寻印第安艺术中的主题、符号和设计。
3. 尊重印第安艺术形式及其使用的材料。
4. 想象一下数百年前人们是如何获得艺术材料的。

语言：

1. 识别图腾柱的细节。
2. 识别通过印第安艺术记录的动物生命类型。
3. 讨论印第安人使用的材料和技术与当今的差异。
4. 阅读关于印第安人通过艺术表现的仪式和信仰。
5. 口述或写下关于图腾柱上所示的仪式、信仰和动物生命的故事或描述。

基于美国幼儿教育协会、美国共同核心州立标准、新一代科学教育标准、美国核心艺术标准

第 5 章

音乐

碰碰杯

■ **科学、技术、艺术和语言**：制作碰碰杯，可以让孩子们学习音乐节奏、计数、构建、声音、振动，以及不同的材料具有各自的振动能力。他们也将学习设计、混合色彩和平衡。

■ **材料**：约454克彩色塑料杯（每名孩子两个）、绳子、小马珠（每名孩子2—4个）、打孔器、筷子（每名孩子一支）、胶水、剪刀、丙烯颜料、颜料刷、拓印棒、丙烯密封剂（可选）、尺子、纸巾

■ **安全**：帮助使用打孔器并监督处理小部件的情况。

图片 5.1
碰碰杯

■ 准备：

1. 提前在通风良好的区域熔化杯子。将烤箱预热至177摄氏度。用铝箔纸盖住烤盘，喷上薄薄一层防粘烹饪喷雾。将每双筷子掰开，打磨粗糙的边缘。

2. 将杯口朝下（倒置）放在箔纸覆盖的饼干烤盘上。观察并等待杯子熔化（2—3分钟）。

3. 在您从烤箱中取出烤盘时，戴着烤箱手套将手压在杯子上一秒钟，以使其完全被压平。冷却五六秒钟。从箔纸上取下。杯子应看起来像扁平的磁盘。准备许多颜色的杯子供孩子们选择。

4. 使用打孔器在每个杯子的两边各打一孔。请确保四个孔位置相对应。

■ **步骤：**根据孩子的需求进行指导和帮助。

1. 分享默瑟·梅尔（Mercer Mayer）的书《小怪物：一点点音乐》（*Little Critter: Just a Little Music*），讨论创作音乐的乐趣和重要性。探讨声音、打击乐、振动、韵律、节拍，以及它们是如何产生的。振动是指物体受到撞击的周期性来回运动，就像碰碰球利用它制造声音。

2. 将各种材料（熔化杯子、绳子、小马珠、筷子、尺子、剪刀、颜料、颜料刷和胶水）放在桌上，让孩子们使用尺子剪下两条绳子，每条长度12—15厘米。

3. 让孩子们装饰两个熔化杯子，用颜料或记号笔装饰有颜色的一面。待其干燥，之后稍微喷一些密封剂。让其完全干燥。

4. 在两个杯子之间粘一支筷子，杯子有颜色的一面朝外（像一个大号棒棒糖）。将孔相对应。待其干燥。

5. 用绳子的末端将两个杯子的每侧系在一起。在两侧绳子的另一端添加两个小马珠，并在底部松散地打结。确保绳子的长度合适，让珠子击打杯子的中心。通过转动它来测试。然后将结系紧，并修剪掉未系的末尾。在结上涂一点胶水。待其干燥。

6. 晾干后，让孩子们玩碰碰杯，观察它的原理是什么。必要时请进行演示。

7. 在孩子们的练习时间后，让他们展示并讲述碰碰杯的原理。他们可以为班级演示如何通过在手掌间滚动筷子或转动手腕发出自己喜欢的声音。

8. 提议让每桌的孩子作为一组，制造一段缓慢的节奏和一段快节奏。

9. 播放一段音乐，让他们用碰碰杯加入乐曲。

10. 让孩子们与朋友自由分组，并使用保存的音乐练习。练习后，让他们为同学们表演。根据孩子们的年龄段，他们可以使用带相机的数字设备记录小组表演，通过选择相机、视频，并按下红色按钮进行录制，再次按下停止。要进行观看，选择照片并点击这段视频。

11. 让观众（其他的同学们）发表评论并分享对其音乐的看法。请确保您已与孩子们讨论过如何发表适当的评论和善待彼此。鼓励他们使用音乐词汇，例如韵律和节奏。

■ 辅助提示：

◆ 帮助孩子们在杯子的边缘打两个孔。

◆ 收集来自班级庆祝活动或派对的塑料杯或外带杯。

◆ 回收使用过的筷子。确保消毒并晾干。

■ 探索有趣的事实：用于激励和启发进一步学习。

◆ 由于振动，不同的材料会发出不同的声音。鼓点是一种节奏型。鼓是来自秘鲁和非洲的传统发声器。

◆ 鼓，是音乐的根源，是几乎所有文化中都存在的最古老的音乐活动。

◆ 研究表明，鼓手们是很好的问题解决者，并且他们的压力更小。

◆ 鼓是一种打击乐器，人体也可以是一种打击乐器。

◆ 科学研究表明，节拍保持更稳定的鼓手考试成绩更好。

表格5.1 孩子们能由碰碰杯学习什么

艺术/音乐：
1. 用简易的教室乐器演奏音乐。
2. 以不同的节奏演出韵律。
3. 区分在两只手之间滚动筷子或转动它的声音差异。
4. 通过改变节拍和节奏来营造气氛。
5. 加强节拍并聆听它们对韵律的不同影响。
6. 模仿带领人的节拍、节奏和节拍重音。
7. 确认碰碰杯是一种打击乐器并说出原因。
科学：
1. 接触碰碰杯的两面时，感受振动。
2. 判断振动和声音之间的联系。
语言：
1. 描述事实和事件。
2. 提出并回答有关事实的问题。
3. 使用学术术语（节奏、节拍和振动）。

> **传媒：**
> 1. 使用带相机的数字设备。
> 2. 录制视频。

基于美国幼儿教育协会、美国共同核心州立标准、新一代科学教育标准、美国核心艺术标准

手指鼓

■ **技术、艺术**：创造手指鼓，孩子们可以通过呼应的节奏学习模式，并判断四分音符、二分音符和全音符，以及学习聆听。他们还将学习使用艺术材料和回收/升级再造物品，从旧事物中创造新事物。

■ **材料**：改造小尺寸薯片零食罐（每名孩子一个）、铅笔、各种颜色的

图片 5.2
巴纳比在手指鼓上敲击节拍

丙烯颜料、颜料刷、海绵刷、喷涂式底漆（可选）、极细记号笔、丙烯密封剂、湿纸巾或纸巾、一部手机或视频录制设备

■ **安全**：帮助和监督孩子们使用颜料和罐子。

■ **准备**：

1. 在项目开始的前几周收集小尺寸薯片零食罐（每名孩子一个）。请家长们协助收集。提醒家长清空罐子。

2. 在成年人和孩子们都易于接近的位置准备一个投递箱，以备家长让孩子们投递罐子。

3. 将零食罐的盖子取下并用底漆喷涂。待其干燥。重置盖子。

■ **步骤**：根据孩子的需求进行指导和帮助。

1. 分享马克·鲍尔斯（Mark Powers）所著的《我想成为一名鼓手！》（*I Want to Be a Drummer!*），讨论如何将零食罐制成鼓。查找一个用鼓进行呼应练习的视频，与孩子们分享。讨论简单的鼓点以及如何聆听并跟从。

2. 告诉孩子们他们将为罐子涂色并把它用作鼓，以创造节拍，就像他们在视频中听到的一样。

3. 将不同的颜料和绘画工具放在桌上，让孩子们为取下盖子的罐子以自己想要的方式涂色。他们可以选择用手指上色。让其干燥。

4. 在罐子干燥后，让孩子们盖上盖子，尝试用手指打一些鼓点。让他们拿出一支铅笔尝试打鼓。

5. 演奏简单的鼓点让孩子们模仿您。完成几轮直到他们增加信心，并增加鼓点的难度。

6. 将孩子们按小组划分，让孩子们轮流创造鼓点，并由组里别的成员模仿。交换组员几次。

7. 让孩子们形成一个大组，围成一个圆圈坐下，随机选择一个孩子来带领整组。

8. 询问孩子们喜欢当回应者还是带领者，哪个做起来困难，哪个简单。同时，询问他们可以做些什么来更好地回应带领。

9. 让孩子们用手机等视频录制设备记录自愿带领者为课堂带领击鼓的过程。要录制表演，请选择摄像机、视频并点击红色按钮进行录制和停止。

■ **辅助提示：**

◆ 可以用底漆喷涂零食罐以节省时间和颜料。请先取下盖子。

◆ 请在孩子们给罐子涂色时，准备好充足的纸巾。

◆ 准备一个存放手指鼓的容器，并教孩子们将它们收起来。

◆ 让孩子们使用多种绘画工具，自由地将罐子画成自己喜欢的样子。

◆ 使用视频设备或让孩子们互相录制带领小组的视频，之后观看录制视频。

◆ 给孩子们时间进行带领和回应练习。

◆ 网络上有许多带领和回应练习。选择孩子们容易跟练的视频。

■ **探索有趣的事实：** 用于激励和启发进一步学习。

◆ 人类并非会击鼓的唯一生物。有些动物会打鼓，比如猕猴会以特定的节奏敲击物体，而其他灵长类动物则在胸前敲击节奏。更格卢鼠用爪子创造节拍。

◆ 鼓和打击乐器是乐队节奏部分的重要组成。

◆ 已发现最古老的鼓是鳄鱼鼓，由鳄鱼皮和黏土制成，发现于中国，来自公元前5500年。

◆ 击鼓在半小时内消耗的卡路里比骑自行车、远足和举重更多。

◆ 生活在非洲和印度的村民会用鼓在村庄之间进行交流。

◆ 鼓壳由不同的木材制成，每种木材都有不同的声音。

◆ 听音乐时心脏会逐渐与鼓声的节奏同步。

◆ 打鼓可以提高注意力和记忆力。

表格5.2　孩子们能由手指鼓学习什么

音乐：

1. 聆听各种打击乐器打出的不同节奏。

2. 通过拍手或敲击乐器来探索不同的节奏。

3. 通过演奏简单的节奏并逐渐发展到更复杂的节奏来模仿带领者。

4. 确定节拍重音对节奏的影响。

5. 使用响亮与柔和的节拍试验声音的动态。

6. 分析全音符、二分音符和四分音符节拍之间的差异。

7. 运用不同的速度和响亮、柔和的声音创建一系列节奏。

8. 独自、与一名伙伴或成组创作节奏型。

视觉艺术：

1. 尝试使用一层以上的颜料来达到期望的效果。

传媒：

1. 使用带相机的数字设备录制表演视频。

基于美国幼儿教育协会、美国共同核心州立标准、新一代科学教育标准、美国核心艺术标准

鼓之律动

■ **科学、艺术**：通过创造鼓槌，孩子们学习关于振动和材料对其的影响，以及音乐词汇例如韵律和节奏。他们还将学习用各种材料来塑造一个三维打击乐器槌。

■ **材料**：木串（每名孩子两支）或木榫、黏土（烘烤或风干）、胶水、不同尺寸的塑料盒（比如酸奶盒、干酪和鲜奶油桶）、音乐、手机等视频录制设备

■ **安全**：剪掉木串锋利的尖端。

■ **准备：**

1. 开始收集不同大小的塑料盒，例如酸奶油、干酪和黄油桶。家长可以

帮助收集。提醒他们在投递前将桶冲洗干净。准备一个投递箱放在易于接近的位置。在您拿到桶后，使用带有丙酮的廉价指甲油去除盒子上的字迹。

2. 将黏土分成约2厘米的小块（每名孩子两块）并放入密封的塑料零食袋中。当孩子们制作好鼓槌时，在远离孩子的地方放入烤箱烘烤（遵循包装袋上的说明），或使用风干黏土。

3. 在一张大图表上，写出四分音符、二分音符和全音符，并教给孩子们。随着孩子们进步，以各种不同的排列方式写出带有四分音符、二分音符和全音符的图表，当演奏它时，创造出一段节奏型。

■ **步骤**：根据孩子的需求进行指导和帮助。

1. 给每名孩子两根去掉了尖端的木串和两块黏土。

2. 指导孩子们将黏土滚成球形，将木串穿入球中，并在它穿出球之前停下。用相同的方法操作另一块黏土和木串。

图片5.3
鼓之律动

3. 让孩子们将他们的鼓槌放在玻璃盘中，以便您带回家烘烤或待其风干。

4. 如果您的黏土需要烘烤，阅读说明查看所需温度和时间。软陶通常需要135摄氏度烘烤15分钟，取决于其品牌。风干黏土需要24小时干燥变硬。完成后，在木串和黏土连接处涂一点胶水以提高耐用性。待其干燥。

5. 孩子们的鼓槌做好后，给他们三到四个不同大小的桶和他们的鼓槌。

6. 让孩子们试验各种带有不同韵律和节奏的音乐。播放来自不同文化的音乐让孩子们配合打鼓。给他们时间探索各种声音。

7. 让孩子们分成小组，用鼓创造节奏，练习，之后现场展示或录制视频。

8. 讨论音调会如何随着使用盒子鼓的类型不同而变化。让孩子们意识到差异，并询问由什么原因造成。是容器的大小还是容器所用的材料？是由于鼓槌吗？让他们使用铅笔作为鼓槌并比较声音。

随着孩子的进步，使用音符图表教他们四分音符、二分音符和全音符如何代表不同的持续时间，也是创造特定韵律的要素。让孩子们练习阅读音符，并在鼓上演奏每个音符的持续时间。当他们明白不同的音符代表不同的持续时间时，就让他们按照自己创造的节奏写出音符并教给全班。

■ **辅助提示：**

◆ 将名字写在鼓槌上，以帮助孩子们识别自己的鼓槌。

◆ 收集各种各样的盒子供孩子们将其用作鼓，因为它们会产生不同的声音。

◆ 制定一条不要用鼓槌攻击任何人的规定，并让孩子们思考如果他们这样做会有什么后果。

■ **探索有趣的事实：** 用于激励和启发进一步学习。

◆ 一些动物会发出击鼓声。灵长类动物捶胸，更格卢鼠用爪子敲击地面。

◆ 在一些国家，鼓被用作远距离通信的方式。

◆ 动物皮鼓是最早使用的一些鼓，但现在多数由合成材料制成。打鼓是最古老的音乐活动。

表格5.3　孩子们能由鼓之律动学习什么

音乐：

1. 聆听各种节奏。
2. 通过拍手或敲鼓探索不同的节奏。
3. 模仿来领者从演奏简单的节奏开始，逐渐发展到更复杂的节奏。
4. 确定节拍重音对节奏的影响。
5. 使用响亮和柔和的节拍试验声音的动态。
6. 分析全音符、二分音符和四分音符节拍之间的差异。
7. 使用不同的速度和响亮与柔和的声音创建一系列节奏。
8. 单独、与一名伙伴或成组创作节奏型。

视觉艺术：

1. 使用黏土和木串制作木槌。
2. 用黏土球进行试验以确定制作木槌的尺寸。
3. 发挥想象力，将柔性材料塑形、弯曲和形成不同的形状。

科学：

1. 使用鼓槌敲击日常物品，发现声音的不同效果。
2. 探索鼓的大小怎样影响音高。
3. 一边听节拍，一边感受鼓面的振动，观察振动与声音之间的联系。
4. 判断为什么将小纸片放在鼓面，它会以不同的速度移动并跳动到不同的高度。
5. 了解声波是由分子相互撞击引起的，称为振动。

基于美国幼儿教育协会、美国共同核心州立标准、新一代科学教育标准、美国核心艺术标准

与最喜爱的书中角色歌唱

■ **艺术、语言：**通过创造书本角色，孩子们学习歌词和音调。他们还学习以书中角色的性格特征进行自我表达。

学习动物和昆虫的身体组成部分有助于他们创造角色。

图片 5.4
夏洛特与克里斯琴与他们最喜爱的书中角色歌唱

■ **材料：** 纸盘（每个书中角色一个）、胶水、塑料眼睛饰材、棉球、毛绒条、亮片、彩色手工劳作纸、丙烯颜料、颜料刷、工艺棒（一个角色一支）、为老师准备的一把美工刀、书籍和一部手机。

■ **安全：** 注意年幼孩子处理工艺棒的情况。

■ **准备：**

1. 制作几个最喜爱的手持书中角色玩偶，为孩子们演示，观看他们将如何在唱歌时使用。您将了解一些他们最喜欢的角色，例如克里弗（Clifford）、好饿的毛毛虫（The Very Hungry Caterpillar）、奥莉薇（Olivia）、好奇猴乔治（Curious George）、安纳西（Anansi）。

2. 使用美工刀，为孩子们在纸盘的中心切大约2厘米的缝隙，让他们可以用剪刀剪掉中心部分。重复这一步骤直到每名孩子都有一个盘子，以及一些多余的以备出错时使用。

3. 让孩子们想想他们最喜欢的书中角色，以及他们将怎样把圆盘圈做成这个角色。

4. 如果孩子年龄较小，请为他们剪掉盘子的中心。孩子们可以画出底色并粘上塑料眼睛饰材，并在协助下提前剪出盘子边缘的耳朵。若您要为书中角色钉上一些部分，请让年幼的孩子指导您。

5. 查找与受欢迎的儿童书籍角色相关的儿童歌曲。当孩子们提到的角色与您找到的不符时，请继续查找歌曲。

■ **步骤**：根据孩子的需求进行指导和帮助。

1. 告诉孩子们将剪刀插入纸盘的缝隙中，沿着线在中心剪下一个圆。

2. 用丙烯颜料给盘子背面涂色。待其干燥，之后涂上第二层。待其干燥。

3. 让孩子们想出可以加到盘子上的特殊昆虫或动物部位。粘上塑料眼睛饰材和耳朵等纸质部件，以及毛绒条触须。订书机也可以用于固定它们。在盘子底部粘一根工艺棒作为手柄，让孩子可以把木偶握在他/她

图片5.5
与最喜爱的书中角色歌唱

的面前。让其完全干燥。

4. 选择一名孩子使用他或她的木偶来领唱一首关于角色的歌曲，全班跟唱。木偶能够鼓励害羞的孩子，并在唱歌时保持其他孩子的注意。让几名孩子一起领唱另一首歌。

5. 让孩子们选择三四个朋友一组来领唱全班一首歌。录制各小组领唱全班的视频。保存下来，孩子们就可以多次观看。让孩子们说出每组的表演视频中他们喜欢的部分。您可以根据需要继续增加更多角色。

6. 这些木偶可以用于帮助孩子们学习许多想法和概念，例如复述、计数、背诵字母表、重复字母发音、押韵、识别起始音和尾音，发展词汇、唱《老麦克唐纳》（*Old McDonald*）和《字母歌》（*ABC Song*）。

■ 辅助提示：

◆ 为做错或想要再制作另一个角色的孩子们准备多余的盘子。

◆ 根据孩子们的年龄，您可能需要用纸盘，而不是塑料盘。

◆ 留出足够的时间提前制作木偶，让胶水和颜料晾干并固定。

■ 探索有趣的事实：用于激励和启发进一步学习。

◆ 木偶有六种基本类型：手偶、杆/棍、影子、手指、口技木偶和提线木偶。

◆ 它们自公元前五世纪就存在。

◆ 唱歌可以提升认知发展、语言、注意力和听力技巧。

表格5.4 孩子们能由与最喜爱的书中角色歌唱学习什么

音乐：
1. 单独唱歌或带领他人唱歌。
2. 唱歌时通过节奏、音调和音量传达意义。
3. 有创造性地，像角色一样移动，以展示脸部木偶视觉设计中不可见的特征和动作。

视觉艺术：

1. 使用各种材料来创建书中角色的主要特征。

2. 混合和试验三维装饰材料的颜色和排列，以达到特殊效果。

语言：

1. 阅读或收听各种小说，深入了解角色的外貌和行为方式。

2. 选择一个最喜欢的角色并说出选择它的原因。

3. 通过听和唱歌词来发展词汇量。

4. 阅读并在唱歌时遵循歌词。

5. 通过押韵和文字游戏发展口语。

基于美国幼儿教育协会、美国共同核心州立标准、新一代科学教育标准、美国核心艺术标准

美妙的风铃

■ **科学、艺术**：通过构造风铃，孩子们学习工程学、平衡、风速（运动的速度和方向）、放置、液体/固体、材料、音色和测量。他们还学习设计、颜色、形状和图案。

■ **材料**：半透明的小马珠（每名孩子许多）、甜甜圈烤盘、供老师使用的电钻和钻头、鱼线、树上落下的树枝、金属垫片（至少每名孩子三片）、剪刀、带眼螺丝、风扇（可选）。

■ **安全**：帮助孩子剪鱼线。关注年幼孩子们使用剪刀和珠子的情况。

■ **准备：**

1. 在活动前一天，将甜甜圈烤盘、迷你松饼烤盘、彩色小马珠放在一个桌子上。让孩子们上前来，根据他们的设计选择，将彩色小马珠放在甜甜圈盘和迷你松饼烤盘口中。孩子们完成设计后，在通风良好的区域，放入烤箱，以218摄氏度加热8—10分钟，或直至熔化。让其冷却，然后倒出，并在每个迷你珠盘的顶部和底部钻一个孔。这个孔是

为了用鱼线将各部件串在一起。决定每个孩子需要的珠盘数量。可由几名孩子共同制作一个风铃。

2. 提前在木枝上以相等间距为带眼螺丝钻3个孔，然后将带眼螺丝拧入木枝上的孔中。

3. 准备好要提出的问题，例如："你怎样能够知道有风？""我们能看见风吗？""有哪些事物或现象能让你知道有风？""为什么我们需要了解风的情况？"

■ **步骤：**根据孩子的需求进行指导和帮助。

1. 阅读亚瑟·多罗斯（Arthur Dorros）的《感受风》（*Feel the Wind*）。询问孩子们有关风的问题，他们之前是否制作过风铃，以及可以怎样测试风铃。

2. 展示网上的风铃图片，并讨论它的原理。

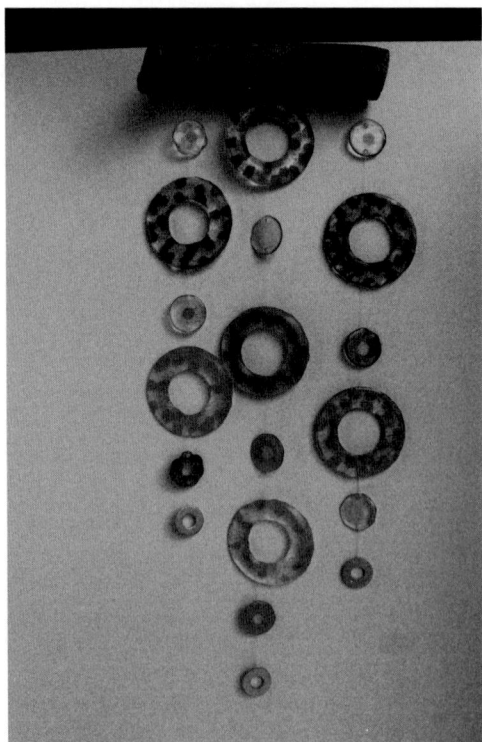

图片5.6
美妙的风铃

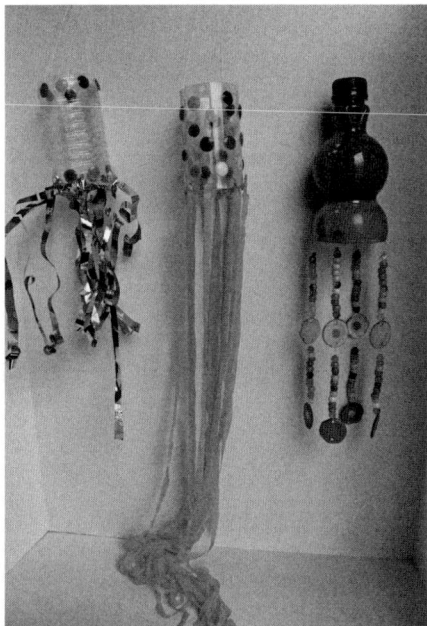

图片 5.7
在风中叮当作响

3. 让孩子们在桌上用珠子摆出他们的风铃设计。演示怎样摆放珠盘，可以让它们发出叮当声。给孩子们一个垫圈，系在每根线的底部以增加重量。孩子们可独自、以小组或与伙伴一起制作风铃。

4. 孩子们将使用尺子测量鱼线，以在正确的位置连接相邻的部件。将各迷你珠盘，穿过其钻孔与甜甜圈孔盘和垫片中心连接并系在一起。线连接好后，将它系在带眼螺丝上。

5. 在孩子们完成风铃后，为他们准备一个风扇，测试他们的设计，看看他们是否需要缩短或延长鱼线，或重新定位/重新排列组件，以使它的声音效果更好。

6. 让孩子们分享他们的设计、调整并解说工程流程。激发他们认为怎样能使风铃声音效果更好的对话。是关于鱼线的长度、气流的力量、组件的尺寸或位置，或是使用的材料？还有，垫圈对风铃起到了什么作用？

■ **辅助提示：**

◆ 我曾使用了多个烤盘，以一次烘烤完成全班的材料。

◆ 有趣的塑料瓶可以用于风铃，比如塑料石榴汁瓶（请参见下文）。这些瓶子是三种不同的尺寸。

◆ 请准备好卷尺和直尺供孩子们使用。

◆ 在测试风铃的过程中，将风扇调至低风速。

◆ 迷你松饼烤盘非常适合用于熔化增添设计趣味的小珠盘。

◆ 在将结系紧之前测试风铃。

■ **探索有趣的事实**：用于激励和启发进一步学习。

◆ 风铃已存在了5,000年。

◆ 公元前3,000年的编钟由骨头、木头、贝壳和竹子制成。

◆ 它们被用于花园装饰、将动物吓跑以远离农作物或改变四周环境。

◆ 许多可回收材料能用于制作风铃。

表格5.5　孩子们能由美妙的风铃学习什么

音乐： 1. 聆听风铃的音调和组合的声音。 2. 判断造成音调和声音变化的因素。 3. 探索形成高音和低音的原因。 4. 确定高音和低音之间的声音差异，并将其与制作的风铃声音联系起来。 5. 使用不同的材料（木头、金属、塑料）来创造不同的声音。
视觉艺术： 1. 按照分步说明制作风铃。 2. 用不同的颜色和图案来设计风铃的圆盘。
科学： 1. 试验重物的放置及其改变穿过固体、液体和空气的机械声波振动频率的方式。 2. 解释重量如何改变风铃的动态，进而改变它发出的声音。 3. 分析珠盘的重量和位置对音调和音量的相互作用。 4. 分析改变和改进风铃的方法。

基于美国幼儿教育协会、美国共同核心州立标准、新一代科学教育标准、美国核心艺术标准

第 **6** 章

戏剧和剧场

动物眼睛

■ **科学、技术、艺术、数学和语言**：通过制作动物眼睛，孩子们将运用想象力、自我表达和戏剧表演，来从旧物中创造出新事物（升级再造）、发展精细运动技能、粘贴和测量技能。他们还将学习有关动物眼睛的有趣事实，以及它与人眼的不同之处。

■ **材料**：回收/再利用塑料零食蘸酱盒（每名孩子两个）、丙烯颜料、颜料刷、海绵、喷涂底漆、记号笔、丙烯密封剂、胶水、尺子、纸巾、一部相机、智能平板

■ **安全**：在通风良好的区域，远离儿童，将底漆喷涂在塑料盒上，并晾干。

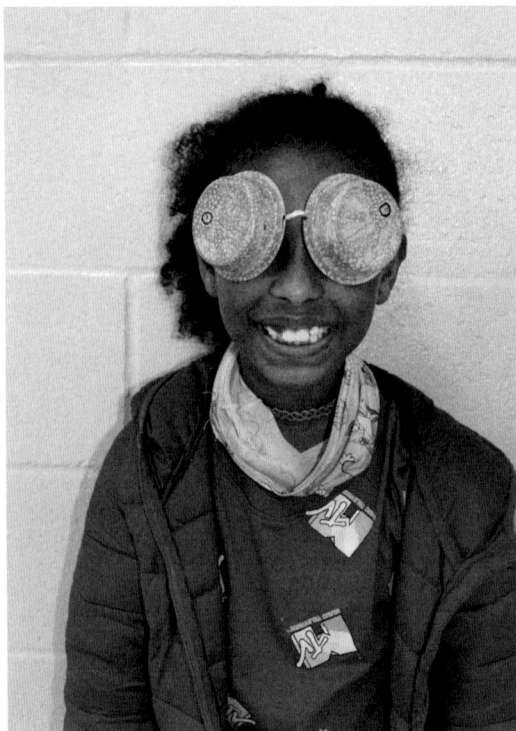

图片 6.1
亚历杭德拉戴着她的变色龙眼睛

■ 准备：

1. 在项目开展的几个月前收集塑料零食蘸酱盒（每名孩子两个）。请家长们协助收集。提醒家长清洗塑料盒。准备一个投递箱放在成年人和孩子们易于接近的区域。

2. 在塑料盒上喷涂底漆并待其干燥。

3. 为孩子们朗读桑德拉·马克尔（Sandra Markle）的书《假如你有动物的眼睛》（*What If You Had Animal Eyes*）。

4. 预览一些网站，查找关于动物眼睛的图片和事实。将事实内容和一些眼睛图片打印出来，并将它们上传到您的智能平板上，向孩子们展示。

5. 在智能平板上打开有动物眼睛的网页，让孩子们轮流选择一张他们想让老师阅读相关事实的图片。

■ **步骤**：根据孩子的需求进行指导和帮助。

1. 运用下文中的有趣事实和书籍建议，帮助孩子们产生兴趣并思考他们或许可以设计出的各种眼睛。让孩子们进行个人观察并讨论。将书籍、打印的图片和智能平板上的眼睛内容留给孩子们，在计划他们的动物眼睛时获取灵感。

2. 告诉孩子们他们将用独立的零食蘸酱盒与颜料和记号笔设计动物眼睛。

3. 让每名孩子给两个盒子画上眼睛的底色。让其干燥。

4. 干燥后，让孩子们在底色上各画一只眼睛，然后涂色。待其干燥后根据需要添加瞳孔。使用黑色的精细记号笔增加细节，并使用白色颜料突出加亮。

5. 在每名孩子完成动物眼睛后，将它们放在安全、不被干扰的区域以完全晾干，然后喷上密封剂。让老师使用美工刀在每只眼睛中间扎一个小洞。

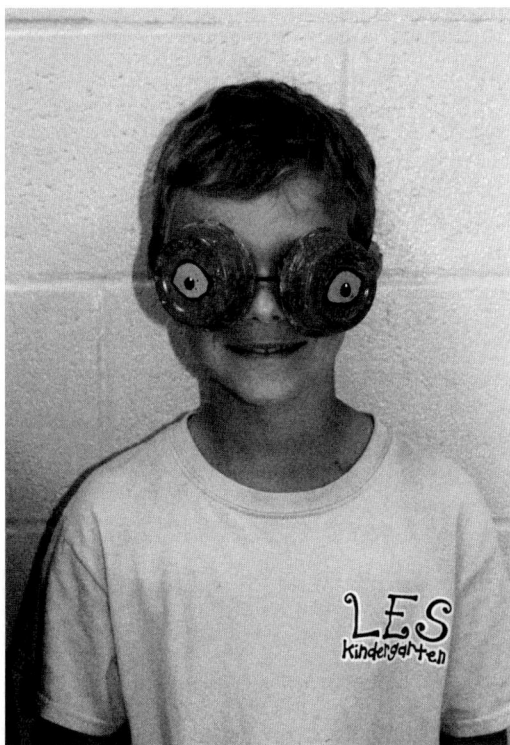

图片6.2
克里斯蒂安喜欢他的狼眼睛

6. 让孩子们测量两段约30厘米的纱线，将其中一段粘在零食杯的内侧，留出充足的线来打结。另一个零食杯进行相同的操作。剪下一段约5厘米的纱线，粘在两只眼睛内侧将它们连接，为鼻子留出一点空间。

7. 等它们完全干燥，让孩子们戴上他们的动物眼睛，模仿他们决定扮演的动物，当它看见猎物或捕食者的样子。鼓励他们谈谈自己设计的动物眼睛、灵感、制作过程，以及其他哪些再利用材料可以用来制作动物眼睛。

8. 让孩子们在纸上写下3个关于动物眼睛的有趣事实。其中一条事实应关于他们设计的动物眼睛。拍摄一张孩子们戴着动物眼睛的合影。

■ **辅助提示：**

◆ 如果先使用底漆，则不需要覆盖多层颜料。

◆ 给孩子们留出时间思考他们的眼睛设计，并听一些关于它的事实。

◆ 绘画时请准备充足的纸巾。

◆ 杯子内部固定纱线的胶水滴干燥后，在上面再贴上小块的胶带使其更稳固。

◆ 留出足够的时间让胶水晾干。

■ **探索有趣的事实：**用于激励和启发进一步学习。

◆ 变色龙可以同时看向两个方向。

◆ 金雕可以看见3千米外的事物。

◆ 猫头鹰可以看到45米外移动的老鼠。

◆ 鸵鸟的眼睛比它的大脑更大。

◆ 老虎在夜间的视力是人类的6倍。

◆ 马和斑马的眼睛看向侧面，这给了它们良好的周边视觉。

◆ 箱形水母有24只眼睛。

◆ 山羊的瞳孔是长方形的。

◆ 人类的眼睛接收信息，并沿视神经传送到大脑。大脑处理信息。

◆ 我们的眼睛是身体第二复杂的部分，仅次于大脑。

表格6.1 孩子们能由动物眼睛学习什么

戏剧：
1. 以默剧形式模仿不同的动物活动头部来观看的方式。
2. 使用动物眼睛假装寻找食物（猎物）并躲避捕食者。

视觉艺术：
1. 使用颜料、颜料刷和记号笔来增加深度和趣味性。
2. 试验各种颜色以达到不同的效果。
3. 将完成的艺术作品与网上找到的眼睛图片进行比较，以确定异同。

科学：
1. 调查动物眼睛的异同。
2. 解释眼睛的形状和位置如何使动物得以生存。
3. 对夜间视力好的和差的动物进行分类。
4. 认识升级再造的影响。

数学：
1. 用尺子测量绑在口罩上的纱线长度。

语言：
1. 使用丰富的词汇识别和描述有关动物眼睛的细节。
2. 运用绘画、口述或书写的方式来描述关于选择动物的想法和动物眼睛的特征。
3. 与同学就有趣的动物眼睛事实进行提问和回答。

技术：
1. 在智能平板上操作和控制图像。
2. 对使用数字工具变得熟练。

基于美国幼儿教育协会、美国共同核心州立标准、新一代科学教育标准、美国核心艺术标准

书中角色瓶

■ **科学、技术、艺术和语言**：通过创造书中角色瓶，孩子们学习角色特征、复述和故事元素。它还鼓励自我表达、混合色彩、升级再造和提升词汇量。

图片 6.3
书中角色瓶

■ **材料**：塑料果汁瓶（石榴）或其他形状独特的瓶子（糖浆和蜂蜜）（每名孩子一个）、喷涂底漆、丙烯颜料、颜料刷、喷绘颜料、极细彩色永久性记号笔、纸巾、手机或视频录制设备、喷涂封层剂（可选）

■ **安全**：注意年幼孩子们处理瓶盖的情况。在通风良好的区域，远离孩子，喷漆在瓶子内部或在外部涂底漆。

■ **准备**：

1. 收集形状独特的塑料果汁瓶。可以被改变成书中角色的瓶子是比较适合的。请家长们协助收集。提出关于瓶子的建议。请确保在家长和孩子们都易接近的位置放一个收集箱，用于投递瓶子。提醒家长们在递送瓶子前将其清洗并晾干。

2. 请孩子们组成小组，围绕一本书创造多个角色。例如，《三只小猪》故事中有四个主要角色，那就四个孩子一起创作。当孩子们决定好要制作的角色时，您就会知道他们需要的喷绘颜料颜色。

3. 如果您决定在瓶子内部使用喷绘，并在外部使用极细永久性记号笔添加细节，在项目开始的几天前喷绘。若您决定在外部使用颜料，用白色丙烯底漆喷涂塑料瓶外部并晾干。

4. 讨论您朗读给孩子们的书籍，以及可能绘制的角色。把书放在外面易拿取处，让孩子们获取灵感。

■ **步骤**：根据孩子的需求进行指导和帮助。

1. 强调孩子们将进行升级再造/再利用瓶子的方式，以及为什么这是很好的事情。

2. 让孩子们选择一个塑料瓶，并给他们时间观察自己的瓶子，决定将怎样使用它们。让他们与您谈论他们的想法，并对他们的计划提出简单的建议。将书籍存放在孩子们易于拿取和阅读的地方。

3. 如果他们选择的瓶子是喷涂在内部的，让孩子们使用极细永久性记号笔，与/或丙烯颜料在外部为角色添加细节。待其干燥，之后用封层剂轻薄地喷涂两次。如果他们选择喷涂底漆的瓶子，让他们使用颜料刷

图片6.4
小猪和狼试着做朋友

和丙烯颜料涂画角色。让其干燥，然后用封层剂轻薄地喷涂两次。两次喷涂之间晾干。

4. 在他们的角色完成后，给孩子们时间分享。鼓励他们谈论角色的特点以及他们选择了怎样描绘出来。他们可能通过用某种方式画眼睛和嘴巴，以面部表情来展示。例如，或许嘴巴带有尖利的牙齿来表现它们是危险的角色，或是用笑容使它们看起来友善或快乐。也可以用眼睛的形状描绘狡猾或幸福。

5. 让每组复述他们的故事并用手机等视频录制设备记录下来。如果孩子们知道怎样操作，让他们拍摄，但请在设备上装一个保护壳。让孩子们反复观看这些视频并进行评论。询问他们下次会做哪些改进。

6. 根据孩子的年龄段，可以在网上找到并使用读者剧场（Reader's Theater）剧本。

■ **辅助提示：**

◆ 如果是内部喷涂的，使用极细永久性记号笔在外部增添细节。

◆ 孩子们似乎更喜欢外部喷涂底漆的瓶子。

◆ 在网上和在店里寻找独特形状的塑料瓶外形。现在，您可以在信件中给家长们提出建议。例如，蜂蜜瓶可以很好地塑造《金发姑娘和三只

图片6.5
小红帽见到狼

熊》(*Goldilocks and the Three Bears*)中的一只熊。金发姑娘可以用糖浆瓶。石榴汁瓶适合于任何角色。

■ **探索有趣的事实**：用于激励和启发进一步学习。

◆ 猪喜欢依偎在一起，鼻子对着鼻子睡觉。

◆ 猪是非常聪明和干净的动物。

◆ 猪像人类一样做梦。

◆ 塑料瓶有许多独特的尺寸、颜色和形状。

◆ 五个塑料瓶生产的纤维足够填充一件冬季滑雪夹克。

表格6.2 孩子们能由书中角色瓶学习什么

戏剧： 1. 通过阅读或听故事，捕捉人物的外貌和行为的特点。 2. 掌握并理解故事的情节和特定人物的举止、气质。 3. 独自或与一名伙伴一起练习使用书中角色瓶。 4. 改变声音和动作，赋予书中角色瓶个性。
视觉艺术： 1. 混合和试验各种颜色，以产生对比鲜明的光影效果，使书中角色更加逼真。 2. 确定使用直线和曲线来清晰勾勒角色的方法。 3. 运用书籍中的插图作为指导或创作角色的原创版本。
科学： 1. 建立对升级再造/回收利用影响的认识。 2. 探索关于升级再造/回收利用的想法。
语言： 1. 通过听故事和练习来准备发言。 2. 复述故事中发生的事件。 3. 与他人一起分享发言时间。 4. 使用故事中的动作和情感来表现特定角色。

基于美国幼儿教育协会、美国共同核心州立标准、新一代科学教育标准、美国核心艺术标准

瓶盖人物

■ **科学、技术、艺术和语言**：创造瓶盖人物，孩子们学习有关回收/升级再造、构造、平衡、分类、尺寸、简单的分数、创造力、创造三维形式和粘贴。

■ **材料**：两种尺寸的塑料盖（苏打水、水、牛奶和果汁；三个小号和一个大号）、毛绒条、手机等视频录制设备、电脑、打印机、纸、剪刀、胶水、手工劳作纸、精细记号笔、纸巾

■ **安全**：协助并关注使用剪刀、瓶盖、毛绒条和胶水的情况。

■ **准备**：

1. 在项目开始的几周前，收集来自苏打水、水和大果汁瓶的多种尺寸塑料盖。请家长们帮助收集。准备一个投递箱。

2. 在孩子们容易接近的地方放置一个储存箱。告诉孩子们他们将在这里为项目储存盖子，以及在项目结束后储存未使用的瓶盖。

3. 为每名孩子拍摄数字头像照片，并调整尺寸以适用于苏打水瓶盖。让较大的孩子们自拍头像照。全班的头像照大概能够放在一张幻灯片上。使用Microsoft PowerPoint更容易调整尺寸、剪裁、调整位置以使它们容纳在一页中。打印头像页面，并大致剪下。为项目保存。

4. 在网络上搜索以下图片并向孩子们展示，亚历山大·考尔德（Alexander Calder）的《约瑟芬·贝克》（*Josephine Baker*）或金属丝雕塑《大象》（*Wire Elephant*），以及露丝·詹森（Ruth Jensen）的《坚持你的梦想》（*Hold on to Your Dream*）或《森林狼》（*Timberwolf*）等金属丝雕塑。谈论人物的重要组成部分，比如腿、身体、头部和手臂。向孩子们询问他们有哪些材料，可以用什么材料来制作这些部分。

图片6.6
怀亚特为他的瓶盖
人物摆造型

■ **步骤：** 根据孩子的需求进行指导和帮助。

1. 分享拉腊·卑尔根（Lara Bergen）的书籍《别扔掉它！：一本关于回收和再利用的翻翻书》（*Don't Throw That Away!: A Lift-the-Flap Book about Recycling and Reusing*），并讨论他们将制作的人物，以及将回收/再利用哪些物品。

2. 将瓶盖人物的储备品摆放在桌上，让孩子们选择要使用的物品。提醒他们讲过的那些重要的部分，如头部、身体、腿、手臂和脚（3个小号和1个大号瓶盖）。

3. 演示如何对折和扭转毛绒条，并在中心弯曲制成双腿和双臂。告诉孩子们模仿您用两根毛绒条制作的方法。让孩子们将毛绒条平直的中间段粘在身体部分的底部作为双腿，并将另一根毛绒条粘在身体背面的顶部作为手臂。待其干燥。

4. 在干燥后，将一个小号苏打水盖粘在身体的中央顶部作为头。待其干燥。

5. 接下来，将每只腿的底部弯折一点以做成脚，各粘在一个苏打水盖子上。待其干燥。

6. 全部干燥后，将手臂向前折并稍微弯曲，以形成肘部。他们将需要弯折和调整手臂和双腿以平衡瓶盖人物，从而让它站立。

7. 让孩子们将他们的头像照粘贴在头部的正面，并为他们的角色取一个代表回收和超级英雄的名字。

8. 让孩子们为瓶盖人物摆造型，来模仿超级英雄，并将它们摆在房间各处，让同学们可以观看，并进行一个展览漫步，看看他人的作品。将班级分为两组，其中一组站在人物旁边，其他的同学走来向他们提问。询问他们还有哪些类型的人物可以用瓶盖仿造。之后，交换小组。

9. 与孩子们一起，用关于回收的词汇创造一面词汇墙，张贴在墙壁上。用孩子们赋予瓶盖人物的回收英雄的名字，写一个关于他/她的回收冒险故事，与班级分享这些故事。利用手机等视频录制设备记录害羞的孩子们阅读自己作品的时刻。

10. 鼓励围绕回收问题展开的讨论，如回收的重要性，谁可以提供帮助，怎样帮助。

■ **辅助提示：**

◆ 在艺术项目的一个月前，寄一封信到家里，提出可选于收集的瓶盖建议。

◆ 如果孩子们想要另外的颜色，他们可以给瓶盖涂色。

■ **探索有趣的事实：**用于激励和启发进一步学习。

◆ 塑料瓶可以回收制成衣服。制作一件摇粒绒夹克需要耗费25个两升容量的塑料瓶。

◆ 仅回收一个塑料瓶所节省的能源就足以为一个60瓦的灯泡供电6小时。

◆ 每年生产的塑料为3亿吨。塑料瓶占生活垃圾的40%。请回收垃圾以帮助保护环境。

◆ 孩子们可以帮助传播伟大的回收理念，可以成为家中负责回收的那个
人，例如将回收物品按照分类要求投入正确的垃圾箱。

表格6.3 孩子们能由瓶盖人物学习什么

戏剧： 1. 查阅人物的外表和动作。 2. 学习和了解特定角色可能的造型。 3. 独自或与一名伙伴一起练习摆出角色的造型。
视觉艺术： 1. 使用不同尺寸的毛绒条段来创建一个人物的各个部分。 2. 查看三维部件的高度、宽度和深度。 3. 确定使用三维细节的形状和比例来实现不同效果的方法。 4. 运用想象力塑形、弯曲和塑造柔性材料。 5. 应用关于线条、几何和不规则形状的知识。 6. 参与解决问题、设计和构建人物。
科学： 1. 辨别对已用的材料回收利用和升级再造之间的区别。 2. 探索材料的丢弃、回收和升级再造的因果关系。 3. 注意材料在陆地和水中腐烂的变化。 4. 确定不会腐烂并保持其天然成分的材料。 5. 判断会腐烂并增加土壤体积和养分的物质。
语言： 1. 解释想法、工作成果并参与解决问题。 2. 提出并回答问题。 3. 使用比例、中心和平衡等词语分享和讨论瓶盖人物。 4. 添加词汇到单词墙。

基于美国幼儿教育协会、美国共同核心州立标准、新一代科学教育标准、美国核心艺术标准

衣夹圆圈角色

■ **科学、艺术和语言**：通过创造衣夹圆圈角色，孩子们学习戏剧、语言能力、性格特征、复述、故事元素和排序。他们还将学习形状、颜色，以及

通过皮影戏，学习光与物质如何互动，包括传输、吸收和反射。

■ **材料**：木质衣夹（每名孩子一个）、胶水、彩色卡片纸、5.08厘米圆形打孔器、永久性极细记号笔和细记号笔、丙烯颜料、颜料刷、小号塑料眼睛饰材、工艺棒、胶枪和木棒、一部手机或其他视频录制设备

■ **安全**：帮助孩子们使用打孔器。注意年幼的孩子处理小部件的情况。

■ **准备**：

1. 给孩子们朗读故事、童谣和诗歌，让他们选择一首用于制作木偶。例如，《金发姑娘和三只熊》、《五只绿色斑点蛙》（*Five Green and Speckled Frogs*）、《矮胖子蛋先生》。

2. 让孩子们用打孔器打出约5厘米的卡片纸圆片，用来制作木偶。为想要剪出由自己设计的不同形状的孩子们提供卡片纸。

图片 6.7
衣夹圈圈角色

3. 向孩子们展示他们将怎样使用木棒和衣夹。

■ **步骤：**根据孩子的需求进行指导和帮助。

1. 将打出的圆片、其他材料和额外的彩色卡片纸放在桌上供孩子们使用。
2. 让他们按故事组成小组，用记号笔和塑料眼睛饰材设计角色木偶。将角色粘在衣夹上，衣夹的开口在底部。这使他们可以将木偶夹在工艺棒上，在表演节目时用作手柄。
3. 使用两个大工艺棒和两个小工艺棒，制作一个多角色支架，以及单个工艺棒用于单个角色。将两个大工艺棒粘成一个大写的"T"字形。待其干燥。用它一次夹上多个角色。
4. 为孩子们提供一个剧场舞台，用来讲他们的故事。舞台可以是一张盖有桌布的桌子，或是一块三折泡沫板，剪出中间一折顶部的观看区域。留出练习在舞台上用木偶讲故事的时间。
5. 让孩子们使用他们的木偶为班级表演故事。观众可以给表演积极的反馈。使用数字设备记录表演，这样孩子们能够随时观看和评论自己与他人的表演。
6. 讨论木偶和舞台设计的其他可能性、使用的材料、喜欢的角色，以及可以制作的不同类型木偶。孩子们的照片可以转变成木偶，通过打印、剪裁并用"T"字形粘贴在衣夹上。他们可以创造一个关于想要进行的冒险故事，用木偶表演出来。

■ **辅助提示：**

◆ 5.08厘米的打孔器适用于制作许多事物，尽管它较为昂贵。
◆ 与孩子们讨论如何对同学的表演给出积极的反馈。
◆ 在教室里设置一个戏剧与木偶的区域，并留作戏剧中心。
◆ 为制作中出现错误的孩子们准备额外的彩色卡片纸和打孔器。
◆ 您可以在网上查找读者剧场的剧本。

■ **探索有趣的事实：**用于激励和启发进一步学习。

◆ 木偶起源于3,000年前的中国。

◆ 木偶戏是制作木偶的艺术。木偶演员操纵它，赋予它栩栩如生的质感。

◆ 提线木偶是由绳子悬挂并控制的玩偶。

◆ 一些著名的木偶包括：小绵羊（Lamb Chop）、猪小姐（Miss Piggy）、科米蛙（Kermit the frog）、大鸟（Big Bird）、毕特与恩尼（Bert and Ernie）、查利·麦卡锡（Charlie McCarthy）。

◆ 密西西比州的吉姆·韩森（Jim Henson）是一位深受喜爱的木偶演员，他创造了"布偶"（The Muppets）。

表格6.4　孩子们能由衣夹圆圈角色学习什么

戏剧、传媒、视觉艺术：

1. 创造阴影和动态。
2. 探索通过动态和光线产生的各种效果。
3. 计划使用媒体将故事戏剧化的方法。
4. 试验将视觉和戏剧艺术与媒体相结合。
5. 运用批判性思维解决问题。
6. 练习通过传媒艺术以多种不同的方式讲故事。
7. 改变声音以增加戏剧化的趣味。
8. 使用传媒艺术表演非虚构的事件序列。
9. 确定光影如何可以吸引注意力。
10.试验各种颜色。

科学：

1. 探索创造阴影的方法。
2. 命名产生阴影的自然光源和人造光源。
3. 探索室内和室外阴影的变化以及它是如何发生的。
4. 确定为什么一些物体会产生阴影而有些则不会。
5. 观察阴影的大小和暗度如何变化。
6. 比较和对比透明、半透明和不透明物体的阴影。
7. 注意各部分阴影之间的差异：本影（所有光线都被阻挡）和半影（部分照明）。

语言：

1. 创造两个或多个角色之间的对话。

2. 写出包含故事元素的故事：开头、中间和结尾；或剧情人物，场景、问题、冲突和解决方案。

3. 将木偶的使用扩展到非虚构皮影戏。

4. 确定一系列事件，以演出信息丰富的表演。

5. 找到并练习多种方式成为支持的观众。

6. 学习与阴影相关的科学词汇，如透明、半透明、不透明、本影和半影，以有助于阅读信息类书籍。

基于美国幼儿教育协会、美国共同核心州立标准、新一代科学教育标准、美国核心艺术标准

饭盒面具

■ **技术、艺术、数学和语言**：通过制作饭盒面具，孩子们将发挥想象力和自我表达来创造艺术作品、发展精细运动技能、剪裁、粘贴和测量的技能。他们也学习使用一系列艺术材料从旧物品中（升级再造）创造新物品。

■ **材料**：回收/升级再造塑料饭盒（每名孩子一个）、丙烯颜料、颜料刷、海绵、喷涂底漆、极细记号笔、丙烯密封剂、订书机和订书钉、胶水、尺子、磁带或纱线、装饰物品（羽毛、绒球、纱线、毛绒条、亮片、手工劳作纸、布条）、纸巾、摄像机。

■ **安全**：在通风良好的区域，远离孩子，在塑料盒上喷涂底漆，并让其干燥。

■ **准备**：

1. 在项目开始的几个月前，收集塑料饭盒（每名孩子一个）。请家长们帮助收集。提醒家长们清洗塑料盒。在成年人和孩子们容易接近的位置准备一个箱子用于投递。

2. 在塑料盒的背面喷涂底漆并待其干燥。

3. 预览一些网站查找关于面具的事实和图片。上网输入非洲面具艺术家。打印一些面具，并上传一些到您的图片显示设备（如智能平板）上给孩子们展示，也可以让孩子们自主操作和控制智能平板来展示面具。

■ **步骤**：根据孩子的需求进行指导和帮助。

1. 当您展示来自不同文化的面具图片时，将下文中的有趣事实与孩子们分享来引发兴趣。在展示面具图片后，让孩子们讨论个人的观察。

2. 阅读辛西亚·莱昂诺尔·加尔萨（Cynthia Leonor Garza）的儿童书籍《露西娅战斗士与百万面具》（*Lucia the Luchadora and the Million Masks*），然后让孩子们谈谈他们可能会设计的各种面具。

3. 告诉孩子们他们将使用饭盒与颜料、记号笔和其他材料，如羽毛、亮片、闪粉、纱线或布料来设计一个面具。

图片 6.8
饭盒面具

4. 让每名孩子用基础色为饭盒的背面涂色。待其干燥。

5. 干燥后，让孩子们用颜料和其他材料来增添细节，如眼睛、嘴巴和鼻子。

6. 当每名孩子完成了他/她的面具时，将它们放在不被干扰的安全区域，并让它们完全干燥至少24小时。让孩子们测量两条约30厘米的纱线，并在面具的两侧各钉一根，以戴上面具。老师应该在每只眼睛的位置穿一个孔，这样孩子们可以看见。

7. 当它们完全干燥时，让孩子们展示并谈论他们的面具。鼓励他们讲讲自己的灵感、使用的材料、设计过程中感觉容易和困难的部分，以及下次会有哪些部分做得不同。

8. 让每名孩子写一个关于他们面具的故事，讲述谁戴着它、为什么他们需要戴面具、发生了什么事件、结尾是怎样的。之后，与班级分享他们的故事。对于害羞的学生们，您可以用手机、平板电脑等视频录制设备录制他们的故事，让他们在小组中观看。

■ **辅助提示：**

◆ 使用专为塑料设计的水性底漆喷涂盒子以节省颜料。

◆ 在通风良好、远离孩子的区域使用底漆。

◆ 给孩子们时间思考他们的设计并提供各种可用的材料。

◆ 在绘画时请准备好充足的纸巾。

◆ 帮助孩子们钉纱线或橡皮筋带，以戴上面具。

◆ 将完成的面具放在孩子们触碰不到的地方晾干。

■ **探索有趣的事实：**用于激励和启发进一步学习。

◆ 仪式和礼仪面具是非洲文化中重要的部分。成为面具制作者是一种荣誉。非洲部落主要为男性保留面具的佩戴。非洲的面具制作得看起来像人或动物或两者的结合。非洲面具影响了毕加索的艺术作品。

◆ 日本面具传达情感。中国的戏曲面具使用颜色来描绘人物的性格。面具在战争中用于威慑敌人和保护面部。

◆ 面具由许多不同的材料制成，例如木头、黏土、金属、石头或布料。它们可以装饰有动物毛发、稻草、动物牙齿或角、羽毛或贝壳。

表格6.5　孩子们能由饭盒面具学习什么

戏剧： 1. 通过研究和阅读调查人物的外貌和行为。 2. 研究和了解特定人物的情节和举止。 3. 独自或与一名伙伴一起练习使用饭盒面具。 4. 改变声音和动作，以赋予面具角色个性。
视觉艺术： 1. 使用颜料、颜料刷、记号笔和装饰品来增加深度和趣味性。 2. 尝试各种颜色以达到不同的效果。 3. 将完成的艺术品与网上查到的面具进行比较，以确定二者的异同。
数学： 1. 用尺子测量绑在面具上的纱线。
技术： 1. 在智能平板上操作和控制图像。
语言： 1. 使用丰富的词汇识别和描述有关制作面具的细节。 2. 用绘画、口述或写作的方式描述有关角色选择和角色个性的想法。 3. 阐释解决问题的过程和解决方案。 4. 提出并回答问题。

基于美国幼儿教育协会、美国共同核心州立标准、新一代科学教育标准、美国核心艺术标准

滴答滴答时钟

■ **科学、艺术、数学和语言**：通过构建滴答滴答时钟，孩子们学习报时、磁铁的工作原理、押韵、方向性词语、讲故事、戏剧化，以及通过描图、粘贴和绘画构建三维雕塑。

■ **材料**：空卷纸筒（*每名孩子一个*）、纯净水瓶盖或其他类型的饮品瓶盖、圆形磁铁（*直径19毫米；每名孩子3块*）、长工艺棒、灰色纱线、小号塑料眼睛饰材、白色和黑色纸、极细记号笔、胶、黄铜角钉（*每名孩子一个*）、铅笔、丙烯或蛋彩颜料、颜料刷、一些彩色剪刀、一个小打孔器和5.08厘米圆形打孔器

■ **安全**：在年幼孩子处理小磁铁时注意可能发生的窒息危险。

■ **准备**：

1. 为每名孩子收集一个空卷纸筒和一个纯净水瓶盖，以及塑料盖，每名孩子两种尺寸。准备多余的以备出错时使用。请家长协助收集。准备一个箱子用于投递。

2. 从图书馆借一本童谣书或在网上查找《滴答滴答钟声响》童谣（*Hickory Dickory Dock*）。

图片6.9
滴答滴答时钟

3. 使用白纸和5.08厘米打孔器，打出充足的圆圈让每名孩子得到一个作为他们的钟面。或者，您可以用剪刀剪出约5厘米的圆圈。

4. 剪出两个黑色的，小型的指针，两种不同的长度，这样每名孩子都有一套。

■ **步骤：** 根据孩子的需求进行指导和帮助。

1. 大声朗读童谣《滴答滴答钟声响》，并展示书中的图片。讨论时钟和老鼠，以及它们各自的外观，比如老鼠的颜色和时钟上的数字。询问老鼠在做什么，以及我们可以怎样用磁铁让盖子老鼠跑上时钟。请孩子们判断童谣中押韵的词语。让年龄较大的孩子们上前在大书上指出这些押韵词语。询问他们是否能想出其他的词语与它押韵。

2. 给孩子们提供颜料和颜料刷来绘制时钟。钟楼可以保留纸巾卷的自然颜色。之后，让每名孩子将一个瓶盖涂成灰色。让其干燥。在钟楼干燥后，使用颜料和刷子或记号笔添加钟摆等细节。

3. 给每名孩子两块磁铁让他们玩。将金属和非金属物品放在桌上，让他们用磁铁测试。让他们将两块磁铁放在一起，然后翻转其中一块，问他们发生了什么。向孩子们解释磁铁有两极，称为正极和负极。告诉他们异性相吸，同性相斥。提醒他们这是在将磁铁粘在盖子上时必须注意的一点。

4. 取一个灰色瓶盖和一小段灰色纱线（尾巴），并将2—3块磁铁粘在瓶盖内，盖住一部分纱线。待其干燥并粘上两个小号塑料眼睛。待其干燥，然后用记号笔加上黑色的鼻子。在长工艺棒上粘一个19毫米的磁铁。待其干燥。

5. 在晾干时钟和老鼠时，让孩子们在钟面上写下数字。可使用铅笔。可以在黑板上画一个时钟的例子，这样他们能够看到数字的位置。将圆圈粘在靠近钟楼顶部的位置。让其干燥。

6. 用黑色纸剪出两支时钟指针，一支比另一支稍短。帮助每名孩子将角钉推进钟楼上两支指针和钟面的中心。解释时针和分针，它们代表什么。给孩子们时间设置自己时钟的指针，并说出它是几点。请他们在时钟上设置整点和半点的不同时间。

7. 在作品全部干燥后，握住带磁铁的工艺棒放在卷纸筒内，老鼠在外部吸在磁铁上，并展示老鼠如何在时钟上面上下跑。让孩子们在移动磁铁时戏剧化地表演并背诵童谣。

■ **辅助提示**：

◆ 您可以将时钟指针制作成两种不同的颜色，以帮助孩子区分。

◆ 上网查找预制的钟面和指针，可以打印并剪下来。

◆ 将水瓶盖带到商店购买磁铁，以找到合适的尺寸。

◆ 如果孩子们困扰于老鼠掉落下来，请确保他们将带磁铁的工艺棒拿得靠近卷纸筒边。

■ **探索有趣的事实**：用于激励和启发进一步学习。

◆ 地球是一块巨大的磁铁。

◆ 一块磁铁有北极（负）和南极（正）。同极相斥，异极相吸。

◆《滴答滴答钟声响》童谣的韵律模仿了旧钟的滴答声。它于1744年首次出版。伽利略注意到了一个摆动的灯笼，这使他发现了用于精确测量时间的钟摆。

表格6.6　孩子们能由滴答滴答时钟学习什么

戏剧：
1. 表演叙事哑剧，展现童谣中一个角色的情绪和动作。
2. 了解真实和虚构人物的区别。
3. 创造和使用道具，用于富有想象力的指导游戏。
4. 绘制场景以增加道具的趣味性。
5. 练习积极的听说技巧。
6. 清楚地演出一系列事件。
7. 为故事添加新的细节。

视觉艺术：

1. 混合并试验各种颜色，以达到不同的效果。

2. 添加艺术性细节，使其看起来像童谣中的时钟或创造原创设计。

3. 判断老鼠的颜色并复制它，或选择颜料色彩来设计更奇特的老鼠形象。

科学：

1. 研究构成磁铁的材料。

2. 观察当一个北磁极与另一个北磁极相对时会发生什么。重复此实验测试南磁极。

3. 进行相同的实验，让北极和南极彼此不相对。

4. 研究距离与磁铁强度之间的关系。

5. 研究原子排列如何使一些磁铁比其他的磁性更强。

6. 通过用锤子重击或加热，测试削弱磁性或使磁铁消磁的方法。

数学：

1. 练习写数字1—12。

2. 以5和10为单位跳跃计数，用于读时间：整点后5分钟，整点前5分钟。以10为单位重复。

3. 使用词语读出模拟时钟上的时间，方法是读数字：整点过15、30、45分钟，和使用分数：一刻、半刻、三刻。

语言：

1. 背诵童谣，强调不寻常的词语。

2. 在开展活动时使用童谣中的词汇。

3. 听押韵词。

4. 阅读有关磁铁的知识并解释磁力的差异以及导致磁铁相互吸引或排斥的原因。

5. 使用科学词汇，包括磁场、北极和南极、原子排列、吸引和排斥。

基于美国幼儿教育协会、美国共同核心州立标准、新一代科学教育标准、美国核心艺术标准

第 **7** 章

动作和舞蹈

澳洲土著风格舞蹈环

■ **艺术、社会学科和语言**：通过创作澳洲土著风格舞蹈环，孩子们学习另一种文化的艺术品、符号、故事、舞蹈和游戏，以及如何运用它们来讲故事。他们有多种机会进行混色、观察成果，并发展精细运动技能。

■ **材料**：约454克彩色塑料杯、记号笔、印章和印泥、蛋彩或丙烯颜料、棉签、丝带、铝箔纸、饼干烤盘、烤箱手套、防粘烹饪喷雾、透明丙烯密封剂、澳洲土著符号图片

■ **安全**：注意孩子们使用棉签的情况，在通风良好，远离儿童的区域熔化杯子。

图片 7.1

澳洲土著动作环

■ **准备：**

1. 将烤箱预热至177摄氏度。在饼干烤盘上盖一张铝箔纸。薄薄地喷一层防粘烹饪喷雾。

2. 剪掉塑料杯四分之一的底部，用美工刀划一个口子，放入剪刀，剪下。将剩下的部分口朝下放在盖有铝箔纸的烤盘上。烘烤2—3分钟。监控熔化情况，因为时长可能不同。熔化后，从烤箱取出饼干烤盘，戴着烤箱手套，将手放在杯子上一秒钟，使其完全被压平。它应看起来像一个扁平的甜甜圈。

3. 从书籍《考拉阿露》(*Koala Lou*)中选择词汇、字母和口语发音，以在活动中强调。

■ **步骤：** 根据孩子的需求进行指导和帮助。

1. 与孩子们分享梅·福克斯的《考拉阿露》，并讨论她的冒险经历与见闻。

2. 与孩子们讲述有关澳洲土著艺术，以及人们如何创造了它们来讲故事。在网络上搜索"澳洲土著符号"，查找一张符号表与孩子们分享。

3. 让孩子们选择简单的符号讲述一个关于澳洲的故事，使用棉签蘸取颜料，星罗棋布地画在圆环的外部和内部，使它呈现澳洲土著风格。

4. 鼓励孩子们混色，在设计故事的同时观察自己调出的颜色。待干燥，之后画圆环的另一面。待其干燥。

5. 在艺术品干燥后，可以用透明丙烯密封剂封层以保护设计。轻薄地喷洒并晾干。将另一面封层并晾干。

6. 剪3—5段约30厘米的细丝带，并系在他们刚设计好的圆环上。

7. 让孩子们展示并讲述各自艺术品表达的故事，并使用圆环进行自发运动。教师可以播放代表文化的音乐，在圆环上系上丝带，让孩子们通过动作来表达自己。

■ 辅助提示：

◆ 为另外的艺术项目保存剪下的四分之一个塑料杯。

◆ 孩子们的照片可以粘在装饰杯子后面，做成相框。

◆ 烘烤杯子环可以用于套圈等游戏。

◆ 用打孔器和礼品包装纸、铝箔纸制作出各种形状，粘贴在圆环上。

■ 探索有趣的事实：用于激励和启发进一步学习。

◆ Aborigines是指澳洲的土著居民。人类已在澳洲生活了45,000年。

◆ 澳洲土著孩子们，在28,000年前，在自然环境中的物体（如树叶、岩石和树皮）上，使用岩石制成的彩色颜料，绘制符号、设计和故事。这些颜色（红棕色、黄色、橙色）现在可在岩石和泥土中找到。

◆ 世界上最大的珊瑚礁群，大堡礁（Great Barrier Reef），位于澳大利亚东北沿海。

◆ 澳洲有比世界上其他任何地方更多的爬行动物物种：750个不同的物种。

◆ 澳洲有独特的动物物种，例如考拉、袋鼠、鸸鹋、笑翠鸟和鸭嘴兽。

表格7.1　孩子们能由澳洲土著风格舞蹈环学习什么

视觉艺术：

1. 试验混合颜色以实现不同的色调和情绪。
2. 创造一个可以不含文字，通过图像来讲述的故事。
3. 确定无需文字即可传达意义的各种符号类型。
4. 判断可以表达意义的符号。

音乐/动作：

1. 不使用文字，用音乐表达意义。
2. 带有象征意义，编排动作或创造性地随着音乐律动。

语言：

1. 学习通过视觉艺术和音乐以及口头交流来沟通信息。
2. 创造一个可以通过符号来讲述的故事。
3. 比较故事和符号的异同。
4. 通过查看多个符号来描述符号的详细信息。
5. 分享各符号的含义。
6. 使用与各种符号相关的丰富词汇。
7. 确定相关细节以通过音乐和符号来传达故事。

社会学科：

1. 接触来自世界各地的符号。
2. 探索来自不同国家的符号，它们在形状、颜色和设计上的差异。
3. 从历史上其他时期的其他文化符号中了解世界各地人们生活方式的多样性。

基于美国幼儿教育协会、美国共同核心州立标准、新一代科学教育标准、美国核心艺术标准

复制拍手

■ **科学、艺术、数学和语言**：通过模仿拍手，孩子们学习节奏与节拍、带领与回应、创作节奏、响亮与柔和的声音，以及发展手眼协调能力。通过练习节奏与动作，他们还将提高注意力、发展听力、计数、分数以及社会融合力。

■ **材料**：无

■ **安全**：确保孩子们在舒适、铺有地毯的区域就座，并保持一定的间隔距离，以免干扰旁边的孩子。

■ **准备**：

1. 创造并练习拍手节奏型让孩子们在活动时模仿。

2. 拍一下手，等他们也拍。拍手两下，让他们重复。快速地拍三下，让他们重复。慢慢地拍三下，让他们也这样做。

3. 拍一段短节奏并改变音量，让孩子们重复。拍，拍。拍，拍，拍。根据情况尽可能多地练习。

4. 选择一些词语让孩子们随着拍手，如音节、语音、拼写和计数。

5. 告诉孩子们要仔细地听指令。告诉孩子们您将拍手，他们需要聆听、记住并准确地重复您做的。

■ **步骤**：根据孩子的需求进行指导和帮助。

1. 分享翁克尔·伊恩·欧罗拉（Uncle Ian Aurora）的《拍手》（*Clap*），让孩子们随着故事拍手。读故事后，让他们谈一谈自己随着拍手的事物，他们怎样拍手（节奏和响度），以及他们是怎样聆听指令的。

2. 演示、练习和讨论快与慢、大声与轻声的拍手。

3. 拍一段适合该年龄段孩子的节奏，让他们模仿。改变节奏与节拍来拍手。网上有许多范例。

4. 练习简单的复制拍手，之后再转向更有难度的拍手节奏与节拍。

5. 请一名志愿者带领小组进行节奏拍手。让几名不同的带领者带领节奏。

6. 让孩子们分成小组，自己编排节奏。如果难以分组，准备一罐工艺棒，上面写上孩子们的名字，抽选分组。各小组准备好后，让他们与班级分享自己的节奏。

7. 根据孩子们的年龄段，可增加杯子和律音管（boomwhackers，塑料打击乐器）以继续节奏学习。

图片7.2
巴纳比跟随着拍出节奏

■ **辅助提示：**

◆ 请确保孩子们持续专注并参与到任务中。

◆ 请注意这项活动在许多方面对于年幼孩子们的发展与学习是多么重要。

■ **探索有趣的事实：** 用于激励和启发进一步学习。

◆ 拍手能刺激血液循环。

◆ 拍手是世界性表示赞同的动作。

◆ 拍手可以改善健康状况。

◆ 拍手有助于提高认知能力。

◆ 最响亮的掌声记录是113分贝，由阿拉斯泰尔·加尔平（Alastair Galpin）在2004年创造，相当于一架喷气式飞机在约300米的高度飞过。

◆ 不仅音乐有韵律，视觉艺术、建筑、语言、心跳、光暗循环、月亮和潮汐同样有韵律。

◆ 节奏可用音符值写在乐谱上。

◆ 阅读音符有利于分数的教学和运用：四分之一、二分之一与一个全音符。

表格7.2　孩子们能由复制拍手学习什么

音乐与动作：

1. 编排拍手动作让他人看到、听到。
2. 认识到拍手就像一种打击乐器。
3. 尝试不同的拍手节奏和速度。
4. 跟随带领者，按不同的节奏拍手。
5. 发展手眼协调能力和听力。

科学：

1. 注意响亮/柔和、快/慢拍手发出的声音的差异及其对节奏的影响。
2. 跟随带领者的鼓掌声。

数学：

1. 数一段序列中拍手的次数（1、2、3；1、2、3、4；1、2）。
2. 认识到四次快速拍手可等于4/4拍子中的一个全音符。

语言：

1. 在拍打音节时运用语音意识。
2. 表现字位来拼写单词。
3. 拍押韵词。

基于美国幼儿教育协会、美国共同核心州立标准、新一代科学教育标准、美国核心艺术标准

小丑跳跳

■ **科学、艺术和语言**：通过小丑跳跳，孩子们学习移动动作和相对应的词汇。他们也将学习颜色、形状和图案。

■ **材料**：彩色卡片纸小丑鞋（约25对）和领带（每名孩子一个）、红鼻子、胶带、记号笔、彩色圆点贴纸、纱线、小丑假发头套和头发（可选）。

■ **安全：** 在幼儿跳跃时进行监督。

■ **准备**

1. 使用彩色卡片纸制作至少25对小丑鞋。剪出小丑鞋并用黑色记号笔勾勒出轮廓。将其过塑，这样使用时间更长。

2. 找到一个场地并设置小丑路线。如您将它设置在地板上，在鞋子的背面使用胶带使其固定在地板上。

3. 在路线的起始处，放置一双面向前方的小丑鞋。一组鞋向右，下一组向左，再下一组向后。随机重复方向。请保证每对设置的间隔距离，让孩子们可以安全地跳跃。

4. 剪出彩色小丑领带（每名孩子一个）并过塑。剪下2—3段足够长的纱线，能够围绕孩子们的脖子，使其穿过领带和领结。

图片7.3
亚历杭德拉喜欢佩戴
她的小丑道具

图片7.4
克里斯蒂安跟随
小丑的脚印

■ **步骤：**根据孩子的需求进行指导和帮助。

1. 让孩子们选择一个领带或领结。提供给每名孩子一个彩色小丑领带并让他们在选择的领带上粘贴彩色圆点贴纸。他们还可以使用记号笔来增加形状和线条。

2. 配饰装饰完成后，让他们佩戴上。为活动做说明。向孩子们解释，当您说"开始"时，孩子们要做什么。例如，"当我说'开始'时，你将跳至面前的第一组小丑鞋。请确保观察你将跳至哪个方向"。让一名孩子进行演示。选择谁先开始，并让孩子们间隔足够远，以免撞到一起。

3. 如果情况合适，您可以让孩子们跳这条路线3—4次。您可以准备一些问题让孩子们在完成路线的过程中回答。例如，认出一个字母或告诉您一个单词的起始音。孩子们也可以一递增或二递增数到十、告诉您所有生命体的生存所需、如果他人撞到你时建议怎么做，或是想和朋友分享的一些趣事。

■ 辅助提示：

◆ 要选出一名孩子或小组，准备一罐写有他们名字的工艺棒，随机抽取一个。

◆ 让一名助手与您一起监督孩子们的情况。

◆ 将领带和鞋子过塑，以便再次使用。

◆ 孩子们可以佩戴小丑假发、红鼻子和小丑帽，以制造趣味，并播放马戏团音乐。

■ 探索有趣的事实：用于激励和启发进一步学习。

◆ 小丑自公元前2500年的古埃及就已存在。

◆ 小丑可以是名词、动词和形容词。

◆ 有小丑学校。

表格7.3　孩子们能由小丑跳跳学习什么

视觉艺术：
1. 探索使用不同的艺术媒介来设计领带。 2. 试验用不同的颜色、形状和图案制作设计。 3. 通过跳跃发展力量和平衡。
科学： 1. 识别会跳行的动物。 2. 研究动物跳行的不同方式。
语言： 1. 说出设计中使用的颜色、形状和线条。

基于美国幼儿教育协会、美国共同核心州立标准、新一代科学教育标准、美国核心艺术标准

驰骋运动

■ **工程、艺术**：使用棍子小马，孩子们学习现实与幻想马之间的差异，移动运动的运动知觉，包括行走、奔跑、单脚跳、蹦跳、滑行、袭步（gallop）、跳跃，以及节奏。他们还将学习倾听和遵循指示。

■ **材料**：牛皮纸、报纸、胶带、剪刀、记号笔、订书机、订书钉或海绵棒（每名孩子一个）、两个塑料眼睛、胶水、毛毡、卷曲丝带、视频录制设备。

■ **安全**：注意年幼孩子们运动时的情况。

■ **准备**：

1. 为每名孩子制作一个海绵棒小马或牛皮纸/报纸小马。您可以绑上纱线作为缰绳。您可以在网络上找到海绵棒小马的制作方法。报纸小马

图片7.5
驰骋运动

是在牛皮纸上画出马头，将周围钉起来，除去鬃毛部分，并用报纸填充。将鬃毛剪出许多条状。将两张双层报纸叠在一起，以对角卷起并用胶带粘住。将报纸管推入马头中。

2. 使用美纹纸胶带，制作一条之字形路径让孩子们骑着马跟随。

■ **步骤：**根据孩子的需求进行指导和帮助。

1. 向孩子们阐释倾听是重要的。告诉他们将在音乐播放时行走，在音乐停止时停下。

2. 孩子们掌握了这点后，播放《野蜂飞舞》，并让他们对着音乐移动。音乐节奏更快时走得更快，节奏慢时走得更慢。

3. 您可以给出指令，例如行走、单脚跳、蹦跳、停，等等，并让孩子们遵循指示。之后，让一名孩子成为带领者，其他的孩子跟随做出同样

图片7.6
制作升级再造材料小马
来驰骋在运动与乐趣中

的动作。同时，给出两项指令，比如"一边点头一边走路"或"蹦跳时挥动一只手臂"。

4. 另一种获得所需运动的方式是创造一条路径来遵循。可以在地板上粘贴胶带完成。这条路径可以是直线或曲线，也可用胶带贴出断点，代表孩子们必须跳过的溪流。

5. 棒子小马的马厩可以是一个大号垃圾桶，用于存放。孩子们明白要在活动结束时让马回到马厩。

6. 让孩子们为自己的小马取名并写出或口述一个与小马冒险的故事。然后，与班级分享这个故事。使用电子设备为害羞的孩子们录制视频。

■ **辅助提示：**

◆ 将胶带路线围绕在桌子区域的外侧，并保留以继续使用。

◆ 时刻注意孩子们的运动情况。

■ **探索有趣的事实：**用于激励和启发进一步学习。

◆ 音乐可以提高记忆力。研究显示，在学习时聆听古典音乐可使数学成绩提高12%。

◆ 学习的85%来自倾听。

◆ 音乐可提高手眼协调能力。

◆ 运动可促进血液循环，并对认知发展、身体和心理健康产生积极影响。

◆ 运动提高自律与积极性。

◆ 运动有助于培养自尊和归属感。

◆ 马是食草动物：它们只吃植物。

◆ 小马驹在出生后短时间内就可以行走和奔跑。

◆ 马的眼睛比其他任何陆地哺乳动物都大。

表格7.4　孩子们能由驰骋运动学习什么

艺术—音乐/运动：

1. 随着所选不同音乐的节拍和节奏像马一样移动。
2. 遵循特定的路线"骑马"。
3. 进行多种运动，如袭步、滑行、蹦跳、单脚跳、奔跑、步行和跳跃。
4. "骑马"时编排动作。
5. 接触流行的古典音乐、儿歌和进行曲。

科学：

1. 将活马的动作与课堂上的动作进行比较和对比。
2. 研究马在奔跑时腿部的移动方式，并与人奔跑的方式进行比较。
3. 查找展示不同动物行走方式的动画和纪实视频。
4. 查看各马种的图片。
5. 确定马匹的需求和生活条件。

语言：

1. 描述与歌曲和音乐相配的动作。
2. 给马起名字并用在故事中。
3. 复述有关马的故事中的事件。
4. 参与讲述关于以往骑马经历的故事。

基于美国幼儿教育协会、美国共同核心州立标准、新一代科学教育标准、美国核心艺术标准

盒子蝴蝶

■ **科学、技术、艺术、语言和社会学科**：通过创造双格盒子蝴蝶，孩子们学习蜕变、迁徙，运用他们的想象力、自我表达、图案、对称性和颜色来创作艺术品，并发展精细运动技能。他们也学习使用一系列艺术材料，将旧物（升级再造）创造成新物。

■ **材料**：升级再造的双格塑料猫食盒（每名孩子一套）、丙烯颜料、颜料刷、喷涂底漆、黑色精细永久性记号笔、丙烯密封剂、黑色毛绒条（每名孩子一支）、纸巾、大号工艺棒、一部平板电脑

■ **安全**：在通风良好、远离儿童的区域，为塑料盒喷涂底漆，并待其干燥。

■ **准备**：

1. 在项目的几个月前开始收集双格猫食盒（每名孩子一个双格盒）。请家长们协助收集。提醒家长们清洗塑料盒并勿将双格盒拆分开。在成年人和孩子们易于靠近的区域放置一个箱子用于投递。

2. 在塑料盒的背面喷涂底漆，并待其干燥。

3. 预览一些关于蝴蝶事实与图片的网站。将它们上传到智能平板，让孩子们操控智能平板来展示蝴蝶。

4. 为孩子们收集有关蝴蝶的书籍。朗读一本，例如黛博拉·海利格曼（Deborah Heiligman）的《从幼虫到蝴蝶》（*From Caterpillar to Butterfly*）。与孩子们分享一个关于蝴蝶的网站，并讨论蝴蝶的身体部分、特征与颜色。

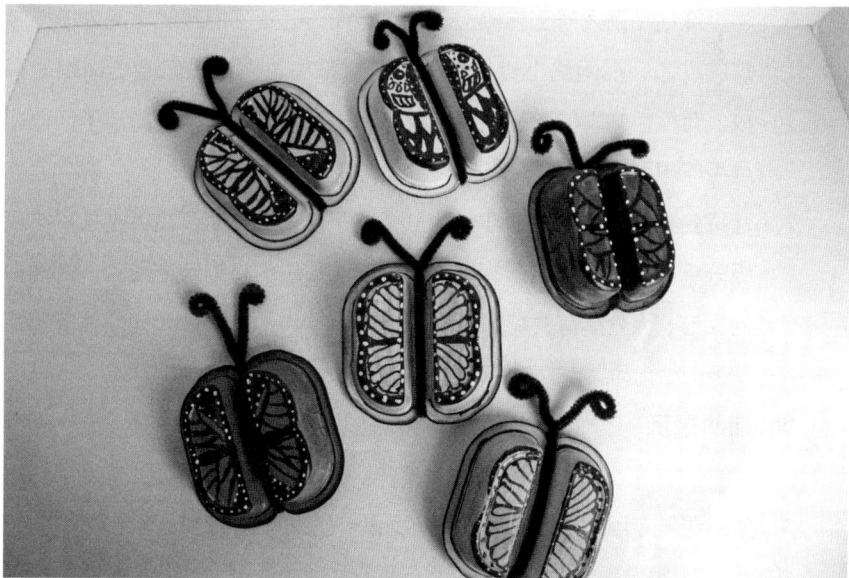

图片 7.7
盒子蝴蝶

■ **步骤：**根据孩子的需求进行指导和帮助。

1. 分享书籍，由马尔费·弗格森·德拉诺（Marfe Ferguson Delano）创作的《探索我的世界蝴蝶》（*Explore My World Butterflies*），介绍蝴蝶的生命周期、蜕变、迁徙和对植物生命的重要性。询问孩子们有关颜色的问题。一侧的翅膀是否与另一侧相同？在促进对话时确保使用关联词汇（对称性）。将书留在桌上供孩子们细读。

2. 告诉孩子们，他们将使用升级再造的双格猫食盒子与颜料和记号笔设计一只蝴蝶。

3. 让每名孩子在塑料盒背面用颜料为蝴蝶涂上底色。待其干燥。在晾干时，让孩子们为蝴蝶的两只翅膀设计对称的图案。

4. 在其干燥后，让孩子们用铅笔给每侧添加对称的翅膀图案。对图案满意后，使用黑色永久性记号笔或黑色颜料与小刷子覆盖铅笔记号。待干燥。用透明密封剂轻薄地喷涂蝴蝶。待其干燥。

5. 将一支黑色毛绒条对叠，将盒子中央滑入其中间。扭转毛绒条为蝴蝶制作触角。卷曲毛绒条触角的两端。

6. 将蝴蝶粘贴到大号工艺棒上。待其干燥。让孩子们围绕房间内模仿蝴蝶的动态。在网络上查找关于蝴蝶的歌曲，在孩子们模仿蝴蝶时播放。有橙色蝴蝶的孩子们可以模仿帝王蝶及其迁徙。询问孩子们他们是否能想到其他可以升级再造制作蝴蝶的容器。

7. 让每名孩子在纸上写下或口述三个关于蝴蝶的事实。让每名孩子与班级分享一个事实。展示蝴蝶。之后，让孩子们将蝴蝶带回家，告诉他们要与家人分享有关蝴蝶的事实。

■ **辅助提示：**

◆ 使用塑料专用的水性底漆喷涂盒子以节省颜料。
◆ 保持双格猫粮盒连接形态。
◆ 在绘画时准备充足的纸巾。

■ **探索有趣的事实**：用于激励和启发进一步学习。

◆ 一群蝴蝶被称为：莺歌蝶舞（flutter）、狂蜂浪蝶（swarm）、蜂围蝶阵（rabble）或是穿花蛱蝶（kaleidoscope）。

◆ 蝴蝶的生命周期阶段包括卵、幼虫（毛虫）、蛹、成虫。

◆ 蝴蝶用一种特殊胶水将它的卵附着在树叶上。

◆ 蝴蝶用脚上的味觉器官品尝味道，并通过舌头吮吸花蜜。

◆ 蝴蝶的翅膀有独特的对称图案，由微小的鳞片组成。

◆ 帝王蝶每年都会迁徙以完成生命周期，有时迁徙4,000千米。

◆ 蝴蝶以8字形动作挥舞翅膀。蝴蝶的身体温度如果低于30摄氏度，则无法飞行。

◆ 南极洲是唯一没有发现蝴蝶的洲。

表格7.5 孩子们能由盒子蝴蝶学习什么

视觉艺术： 1. 使用颜料、刷子、记号笔和装饰品来增加深度和趣味性。 2. 尝试各种颜色以追求不同的效果。 3. 将完成的艺术品与网上找到的面具进行比较，以确定异同。
戏剧/动作： 1. 计划各种方式让孩子们使用身体和声音来戏剧化蝴蝶的动作。 2. 找出孩子们可以使用动作来戏剧化表现蝴蝶停在花上和飞舞的方法。 3. 按照时间线的发展，清楚地再现一个事件，例如生命周期和授粉。 4. 改变想象中的蝴蝶的活动。 5. 写出或口述简单的故事，使真实或想象中的蝴蝶戏剧化。
科学： 1. 研究并探索蝴蝶和飞蛾之间的区别。 2. 注意蝴蝶有4个翅膀。 3. 探寻维持蝴蝶生命的温度。 4. 解释为什么蝴蝶不住在南极洲。

语言：

1. 描述塑料袋蝴蝶上清晰可见的蝴蝶组成部分。

2. 阅读书籍和在线资源以确定有关蝴蝶的主要事实：它的生命周期、食物和生存方式。

3. 用相关事实写记事卡，用于询问和回答有关蝴蝶的问题。

4. 口述或写一个关于蝴蝶的故事。

社会学科：

1. 在地图上追踪蝴蝶在世界各地的迁徙路线。

2. 跟随蝴蝶在熟悉区域内的迁徙路线。

3. 测量蝴蝶在大陆内部和大陆之间飞行的千米数。

传媒：

1. 操纵和控制平板电脑上的图像。

2. 熟练使用数字工具。

基于美国幼儿教育协会、美国共同核心州立标准、新一代科学教育标准、美国核心艺术标准

第 **8** 章

传媒艺术

精彩的动画玩具

■ **技术、艺术和语言**：通过创造精彩的动画玩具，展示了光线照视网膜产生的视觉暂留。同时，用线条设计可以合并的图像。

■ **材料**：白色或浅色的食品容器塑料盖，例如小号酸奶油或黄油桶（每名孩子两个）、铅笔、黑色永久性记号笔、回收筷子（每名孩子一支）、丙烯颜料或记号笔、颜料刷、白纸、胶水。

■ **安全**：在年幼孩子们处理筷子时进行监督。请勿使用曾装有坚果的容器。

图片 8.1
精彩的动画玩具

■ **准备**：

1. 在项目开始至少一个月前，收集大小相同的小号食品盒塑料盖（每名孩子两个）和回收筷子（每名孩子一支）。请家长们协助收集。提醒家长们在递送前清洗盖子和筷子。

2. 准备两个箱子放置于成年人和孩子们都容易接近的位置用于投递，以备家长让孩子们投递盖子和筷子的情况。

3. 制作一个样本与孩子们分享。

■ **步骤**：根据孩子的需求进行指导和帮助。

1. 告诉孩子们，他们将制作类似于动画片的动态图像。

2. 提供孩子们各种材料，让他们用其中一个盖子在纸上描出两个圆圈并剪下。使用您的样本，演示他们的完成品将如何运作。上文的范例中一面有一只鲸鱼，在另一面有一只带水柱的鲸鱼。旋转它时两张图像重合，使其看起来鲸鱼正在喷水。

3. 当孩子们转动动画玩具时，两张图像合并成了动态图像。询问为什么图像看起来合成了。谈谈视觉暂留，是眼睛短暂留有图像，造成了幻像。这就是卡通动画的工作原理。之后，告诉他们将要制作自己的动画玩具。

4. 指导孩子们想出他们想要合并的两张图像，在每个圆上各画一张图像，使每张图像位于中间处。使用铅笔，然后用记号笔或颜料填充。一个范例创意是画一张没有微笑的脸，在另一个圆上画出完全相同的带微笑的脸。

5. 在晾干艺术品时，将筷子的顶部粘在其中一个塑料盖的顶部。待其干燥。之后，将另一个盖子的顶部粘在筷子的顶部。两个盖子应把筷子包住。您或许需要使用夹子或衣夹在筷子周围处将盖子固定在一起。将其晾干。

6. 作品干燥后，通过将两张图片放入盖子边缘测试动画效果。将筷子夹在两掌之间来回滚动。两张图像应合并。如果制作出错，调整图像的角度，或再拿一个圆重新制作图像。当图像制作正确时，将它们粘在盖子边内适当位置。

7. 让孩子们在教室里各处走走，与同学分享他们的动画玩具。

8. 孩子们进行分享后，开始讨论他们做了什么，它是如何运作或没有成功运作，他们下次会在哪些部分做得不同。提醒他们项目的科学原理，并使用相关词汇，这样当他们回家向家人展示时，可以解释它的运作原理。

■ **辅助提示：**

◆ 使用浅色盖子，除非您选择粘入纸张插入物，这容许绘画错误，且更容易替换纸张。

◆ 让年龄较大的孩子们使用圆规制作圆形纸张插入物。

◆ 在较年幼孩子们使用彩色永久性记号笔时，使用围裙和湿纸巾。

◆ 颜料或许更容易晕染和增加阴影，以增加维度。

◆ 可以使用一个主题，例如动物、昆虫或人物。

■ **探索有趣的事实**：用于激励和启发进一步学习。

◆ 《玩具总动员》（*Toy Story*）是第一部完全使用电脑生成的动画故事电影。

◆ 《怪物公司》（*Monsters Inc*）中的萨利（Sulley）有230万根电脑绘图毛发。创作一帧有他的画面耗费了12小时。

◆ 《美女与野兽》（*Beauty and the Beast*）耗时三年，由600名动画师、美术师和技术人员制作而成。

◆ 留影盘（thaumatrope）被认为是最初的动画。在19世纪，留影盘被用作维多利亚时代的玩具。它由约翰·艾尔顿·芭黎丝（J. A. Paris）创造。这一词语源于希腊语，"thauma"意为魔法，"trope"意为会移动的事物。

表格8.1 孩子们能由精彩的动画玩具学习什么

视觉艺术： 1. 使用动态和稳定性来创造想象的艺术形式。 2. 运用想象力勾勒和构建传媒艺术形式。
科学： 1. 调查稳定性和动态。 2. 探索动态与视错觉现象。
语言： 1. 描述事实和事件。 2. 提出并回答有关事实的问题。 3. 使用学术词汇（动画和幻像）。

基于美国幼儿教育协会、美国共同核心州立标准、新一代科学教育标准、美国核心艺术标准

杯子角色木偶

■ **技术、艺术和语言**：通过创造杯子角色木偶，孩子们学习通过语言和非语言交流来沟通想法、复述故事和判断形状。他们也将运用自我表达、形状、颜色，以及一系列材料来制作新物，使用相关的形状词汇，并发展精细运动技能。

■ **材料**：约340克彩色塑料杯（每名孩子一个）、工艺棒、胶水、饮料盖、塑料眼睛饰材、彩色纸、记号笔、纱线、造型纽扣、毛绒条、彩色泡沫形状，以及视频录制设备。

■ **安全**：帮助孩子们使用胶水。注意年幼孩子们处理小部件的情况。

■ **准备**：

1. 提前熔化杯子。将烤箱预热至177摄氏度。用铝箔纸盖住饼干烤盘，轻薄地喷涂防粘烹饪喷雾。在通风良好的区域处理。

2. 将杯口朝下（倒置）放在铝箔纸覆盖的饼干烤盘上。观察杯子在2—3分钟内熔化。当您从烤箱取出烤盘时，戴着烤箱手套将手压在杯子顶部一秒钟以将它完全压平。让它冷却五六秒钟，然后从铝箔纸上取下，再烘烤下一个。它应看起来像扁平的圆盘。使用多种颜色的杯子，因为不知道孩子们想要创造什么角色。您可以一次熔化多个杯

图片8.2
杯子角色木偶

子，但需要将它们间隔开。

3. 制作一个青蛙木偶，在分享德弗拉·配第（Dev Petty）的书籍《我不想成为一只青蛙》（*I Don't Want to Be a Frog*）时使用。讨论这只青蛙作为一只黏滑的青蛙的情绪，以及如何用木偶表现这些情绪。让不同的孩子们表现狼来时的情绪。

4. 安排与其他老师、家长和朋友一起在特定时间加入Zoom或任何其他在线视频交流网站。一边朗读，或让孩子们朗读《我不想成为一只青蛙》，孩子们一边拿着青蛙各处蛙跳。

■ **步骤**：根据孩子的需求进行指导和帮助。

1. 让孩子们回想他们是如何通过青蛙木偶展现了情绪。告诉他们将要制作一个木偶，思考它的面部特征和他们想要传达的情绪。在杯子冷却后，将一支工艺棒粘至杯子的背面（白色面），使其看起来像一个棒棒糖。待其干燥。

2. 让孩子们增加塑料眼睛、嘴巴、鼻子、耳朵和其他希望用杯子角色创造的特征。这些部分可以用记号笔完成、粘上手工劳作纸剪出的部分、杂志剪下的、塑料瓶盖、泡沫片、纽扣和颜料完成。待干燥。

3. 给孩子们时间为他们的角色取名，并与其他学生聚在一起创造一个适合杯子角色木偶的故事。他们甚至可能有相同类型的角色。他们可以一起创作故事。比如，一个故事中可以有两只青蛙。

4. 在桌上盖一张布，让学生们跪在桌子后面，将木偶竖在桌子上，用杯子角色木偶演出他们的故事。鼓励他们为木偶使用不同的嗓音。

5. 在各组为班级表演故事时，让孩子们拍摄木偶表演视频。演示如何使用手机、平板电脑等视频录制设备，选择相机，视频，然后按下红色键录制和停止。告诉孩子们，在录制时，将他们的手肘放在桌子上稳定相机。

6. 在各组表演后，谈一谈他们的故事要表现什么。友谊？或是善待他人？询问他们还能用杯子创造哪些角色。

7. 让孩子们观看他们的表演，然后询问他们最喜欢的部分是什么，以及下次会做出什么改进。

8. 根据孩子们的能力，他们可能写出自己的剧本或者使用读者剧场剧本搭配一本所选最喜欢的书籍。

■ **辅助提示：**

◆ 当您有班级聚会时，收集、清洗并晾干所有瓶子和杯子用于此项目或其他项目。

◆ 网上有许多读者剧场剧本可与木偶一起使用。

◆ 将拍摄的表演保存在数字设备上，在学校开放日展示给家长们观看。

■ **探索有趣的事实：**用于激励和启发进一步学习。

◆ 木偶起源于约3,000年前的埃及。

◆ 木偶似乎存在于历史的所有时期和文明中。

表格8.2 孩子们能由杯子角色木偶学习什么

视觉艺术：

1. 研究人们通过微笑和皱眉等各种五官动作来表达情感的方式。
2. 使用锯齿形、波浪形、螺旋形、横线、竖线、粗线、细线创建五官。
3. 使用各种技术和材料来突出木偶的面部特征，表现出快乐、悲伤、愤怒和惊讶等情绪。

戏剧/传媒：

1. 运用想象力勾勒和构建传媒艺术形式。
2. 展示使用艺术媒体工具的能力。
3. 分享角色来使用媒体。
4. 分享对传媒艺术的反应。
5. 评估图像的视觉效果的重要性。
6. 根据主题为木偶创建角色。
7. 使用不同的嗓音来传达意义和趣味。
8. 让听众参与感官体验。
9. 精益和练习道具的使用方法。
10. 练习契合主题。
11. 为真实事件创设对话或叙述。

> **语言：**
> **1.** 创造包含故事结构的原创故事：开头、中间和结尾；或角色、背景、问题、解决方案。
> **2.** 使用简单或更详细的故事结构顺序复述原创和喜爱的故事。
> **3.** 独自或以团队形式为一个故事写剧本。
> **4.** 研究事实，用于信息演示。

基于美国幼儿教育协会、美国共同核心州立标准、新一代科学教育标准、美国核心艺术标准

数字照片书签

■ **技术、艺术、数学和语言**：创造数字照片书签，孩子们学习、进行自我表达、混色、识别字母和使用数字设备。

■ **材料**：白色卡片纸或购买空白书签、水彩颜料、颜料刷、水、打孔器、纱线或丝带、彩色小马珠、胶水、粉彩棒、纸张、剪刀、尺子、字母贴纸、固定剂、过塑材料、手机等视频录制设备。

■ **安全**：帮助孩子们使用打孔器。注意年幼的孩子们处理小珠子的情况。

■ **准备**：

1. 用卡片纸剪出书签或购买预剪好的书签，可购于手工艺商品店。同时，打印并剪下每名孩子名字的首字母，使用模切机制作字母，或购买字母贴纸。

2. 剪下约20厘米长的纱线，让每名孩子至少有两根，收集每名孩子4—8颗珠子。如果可行，让孩子们使用尺子测量剪下纱线。将各种材料放置在桌上，包括为制作书签的记号笔、粉彩笔、水彩颜料。

3. 演示如何使用手机、平板电脑等设备拍摄有趣的照片，通过选择相机选项，将拍摄对象捕捉在画面中，不要移动，按下红色按键。强调不

移动的重要性，这样照片不会模糊。告诉他们在为伙伴拍照前，互相
讨论可行的造型。他们可以将手臂举向空中或其他任何造型。如果让
孩子们拍摄，确保设备上装有保护壳。

4. 老师可以将这些照片打印在纸上，调整尺寸至大约书签的四分之三
大小。

■ **步骤：** 根据孩子的需求进行指导和帮助。

1. 让孩子们使用颜料刷、手指、水彩颜料和水，或使用粉彩笔设计书签
的背景。在粉彩上喷涂固定剂。让其完全干燥。

2. 在晾干书签时，让孩子们剪下他们的数字照片，在照片边缘留出约2
厘米的空间。准备一张剪好的孩子的照片用于演示。为还不能做这一
步的孩子们剪出照片。

3. 在涂有颜料或粉彩的书签已干燥，孩子们的照片和字母剪好后，将它

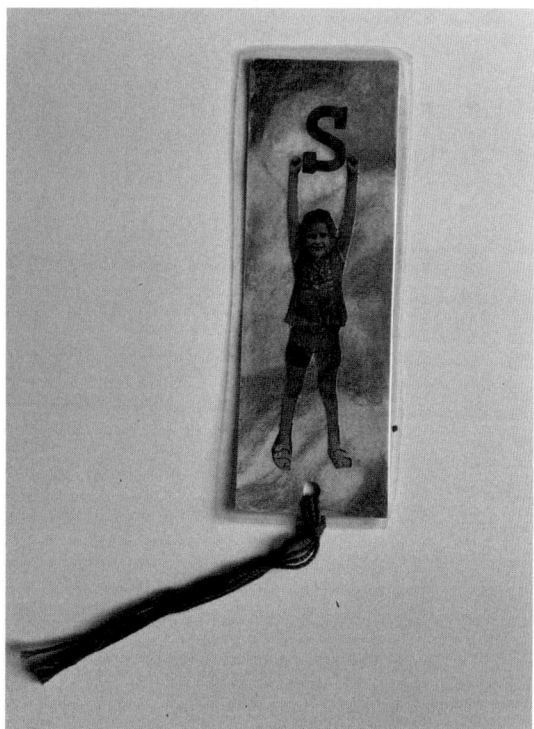

图片8.3
斯凯勒用她名字中的字母
和她的照片制作书签

们粘到书签上，做出满意的设计。字母可以粘在孩子们的手上方，好像他们举着字母，或在孩子们的下方，就像他们站在上面，或是其他想要的任意造型。待胶水完全干燥。

4. 完成书签后，将它过塑，在其底部打一个孔，用雀头结将纱线段固定在孔上。将珠子串在纱线上并在末端打结。

5. 让孩子们展示、谈论他们的设计，讲出他们名字的首字母，以及它的发音。其他的提问可包括：他们的姓名首字母前面或后面一个字母是什么，或是他们是否会将书签用在最喜爱的书中。鼓励他们分享最喜欢的书籍名字，和一些它的内容。让他们在一天中使用书签，再把它带回家。

■ 辅助提示：

◆ 让孩子们使用小马珠，因为它的孔更大，更容易穿线。

◆ 如果可以，您可以让孩子们将一本书和书签带回家，让家长读给他们。

◆ 教年龄较大的孩子们如何总结重要信息。

◆ 对于年幼的孩子们，让他们说出主要角色的名字，以及他们喜欢这本书的原因。

■ 探索有趣的事实：用于激励和启发进一步学习。

◆ 1975年，第一台数码相机由柯达（Kodak）工程师史蒂芬·沙森（Steve Sasson）发明。

◆ 每年拍摄的照片约有10,000亿张。

◆ 牛津英语词典（Oxford English Dictionary）宣布"自拍"（selfie）为2003年的年度词汇。

◆ 自拍照与伦勃朗（Rembrandt）或米开朗基罗（Michelangelo）将自己隐藏在画中的自画像没有多大区别。

◆ 千禧一代平均一生中会拍25,700张自拍照。

表格8.3 孩子们能由数字照片书签学习什么

视觉艺术：

1. 使用各种艺术材料装饰书签。

2. 绘制不同类型的线条，为字母背景创建随意且简单的图案。

3. 确定字母的位置。

4. 混合和试验各种颜色，以达到不同的效果。

5. 为字母或背景创建纹理效果。

数学：

1. 使用尺子和剪刀，测量并剪下两条纱线。

语言：

1. 展示快速说出字母。

2. 注意名字中第一个字母的声母。

3. 将名字的起始音与日常物品相匹配。

4. 为以名字的第一个字母开头的物品写标签。

5. 判断名字的第一个字母是否多于一个音。

6. 判断第一个字母是元音字母还是辅音字母。

7. 用字母代表的声音来试验头韵。

技术：

1. 为数字照片摆姿势。

2. 使用数字设备。

3. 稳定地拿住数字设备。

4. 拍一张好的数字照片。

基于美国幼儿教育协会、美国共同核心州立标准、新一代科学教育标准、美国核心艺术标准

几何之谜艺术

■ **技术、艺术、数学和语言：**通过创造几何艺术，孩子们学习二维形状、尺寸、颜色、图案、自我表达、动态的图像和相关词汇。

■ **材料：**电脑、Microsoft PowerPoint、打印机、精细和极细记号笔

■ **安全：**帮助和监督孩子们使用电脑。

■ **准备：**

1. 制作一张幻灯片来演示基础技巧，例如拖放、旋转、调整尺寸、图形填充、复制、粘贴、删除和保存。

2. 教孩子们在想要选择的图形上点击鼠标的左键，注意它的外观。然后，向他们展示图形顶部的旋转符号，并按住左键旋转图形。告诉他们看见十字形时，按下鼠标左键，将形状拖到他们想要的位置，然后放开。让他们练习这一操作。

3. 教孩子们改变图形的颜色，通过点击形状、形状填充，然后选择颜色。教他们保存自己的工作。允许他们两人一组练习。

4. 制作一张幻灯片，包含不同大小和颜色的多个形状。给年幼的孩子们较少的图形使用选择。如果与年龄较大的孩子们进行作业，您可以让他们从工具栏创建自己的形状，通过点击插入，然后单击形状。在幻

图片8.4
拖放形状以制作图像

灯片上，出现加号形的光标，然后按住鼠标左键，拖拽出一个图形。他们可以按住鼠标左键，沿对角线拖动角箭头来调整大小。请留出足够的空白空间，以便孩子们拖入该区域制作设计。

5. 当您有了一张部分占有这些不同图形、大小和颜色的页面时，按全选然后复制，复制这一页面，让每名孩子都有一张幻灯片，然后保存。

6. 将幻灯片留在页面上，让孩子们能够轻易使用。让每名孩子有一张幻灯片。发布工作时间表供他们使用。

■ **步骤**：根据孩子的需求进行指导和帮助。

1. 当孩子们对自己的电脑技能充满信心时，让他们开始按工作时间表使用电脑。告诉他们拖放已有的形状创建设计，例如一个动物、房屋、车子或一些抽象的事物，例如康定斯基的《几个圆》、《方形与同心圆》或《圆圈中的圆》或是《构图8号》（*Composition VIII*），设计在幻灯片的空白区域中。

2. 他们完成设计后，删除幻灯片上未使用的形状并保存他们的工作。请确保在幻灯片上添加他们的名字。接着写两个关于图像的句子，点击插入，文本框，拖动将其打开，输入，回车，输入。

3. 打印每名孩子的幻灯片进行展示。

4. 让每名孩子展示他们的作品，并谈谈他们在作品中使用了哪些形状和颜色，灵感来源于哪里。鼓励他们在谈论自己和同学的艺术作品时尽可能多地使用描述性词语。

■ **辅助提示**：

◆ 两人一组练习，这样孩子们在练习技巧时可以互相支持。如果您训练两名孩子，让他们训练另外两名，依此类推。

◆ 如果您只有一台电脑，制作一张时间表让孩子们练习和作业。

◆ 完成后，在幻灯片上键入孩子的名字。

◆ 您可以打印幻灯片，让孩子们剪出图形粘贴在纸上，或像亨利·马蒂斯（Henri Matisse）一样用有机形状剪下并粘贴。

◆ 向孩子们展示其他使用几何图形的著名艺术家，例如瓦西里·康定斯基、彼埃·蒙德里安（Piet Mondrian）、保罗·克利（Paul Klee）、马克·罗斯科（Mark Rothko）和亨利·马蒂斯。您或许需要打印其中一些艺术家的作品，挂在孩子们可以近距离观察的位置，以激发灵感。

■ **探索有趣的事实：** 用于激励和启发进一步学习。

◆ 第一台计算机的重量超27吨，占地约167平方米。

◆ 第一个电脑鼠标由木头制成。

◆ 每种类型的路牌都有其独特的形状。

◆ 蜂窝呈六边形。

◆ 蔬菜秋葵呈五边形。

◆ 美国国防部总部大楼被称为五角大楼。

表格8.4　孩子们能由几何之谜艺术学习什么

视觉艺术：

1. 对媒体工具进行引导和独立探索。
2. 将图形组合或分割成新的形状。
3. 剪切与粘贴各种大小不一的四边形、三角形和曲线形状到幻灯片上。
4. 着色，并通过将各种形状拖放到不同的组合中来创建几何设计。
5. 讨论媒体艺术如何带来多种方式以实现艺术设计和再设计。

技术：

1. 熟练掌握基本技能和计算机工具，例如键盘和鼠标。
2. 确定应用程序的位置，包括形状、填充、旋转和调整大小等，以及拖放等步骤。
3. 探索通过使用鼠标和键盘快捷键，进行复制和粘贴图片、文本的多种方法。
4. 练习通过使用鼠标和键盘快捷键，删除和保存作业的方法。

数学：

1. 分类并说出直线三角形名称：不等边三角形、等腰三角形、等边三角形、直角三角形。
2. 分类并说出四边形名称：正方形、长方形、平行四边形、梯形、菱形。说出常见的较大多边形名称，例如五边形和六边形。
3. 对曲线形状进行分类并说出名称：圆形、椭圆形、心脏线（心形）、新月形、扇形。

> **语言:**
> **1.** 使用关于图片的描述性词语组成完整的句子。

基于美国幼儿教育协会、美国共同核心州立标准、新一代科学教育标准、美国核心艺术标准

走进季节画

■ **科学、技术、艺术和语言**：通过设计季节画，孩子们学习认识季节、季节相关的概念，例如形成原因、天气、适当的衣物、植物和动物生命，以及世界各地的季节性活动。他们学习运用前景、中景与背景创造空间，以及音乐如何能够表现各个季节。他们还将学习使用一系列传媒艺术形式，进行自我表达及沟通想法。

■ **材料**：白纸、记号笔、蜡笔、彩色粉笔、蛋彩或丙烯颜料、水彩颜

图片8.5
斯凯勒为她的形象绘制了冬季背景

料、胶水、孩子们的季节性照片、手机或平板电脑等视频录制设备

■ **安全**：年幼儿童如果使用剪刀，请进行监督。

■ **准备**：

1. 向家长们收集孩子们在四个季节中的照片。一些家长们或许会选择发送电子版照片。

2. 如果向家长们收集的照片非电子版，向孩子们演示怎样使用手机或平板电脑等视频录制设备上的相机为照片拍摄。较年幼孩子们的照片由老师代为拍摄。

3. 老师将照片打印出来，将原件还给家长们。

■ **步骤**：根据孩子的需求进行指导和帮助。

1. 让孩子们两人一组，互相用手机或平板等拍摄设备给对方的相片拍照。演示怎样使用相机。启动相机选项，将孩子的图像取景在中央，双肘放在桌上稳定画面，按下红色按键。在孩子们全部拍摄完成后，老师可下载图片，用多媒体演示程序打开，调整尺寸以适合纸张并打印。

2. 在老师打印图片时，为孩子们播放维瓦尔第的《四季》小提琴协奏曲，介绍音乐如何表现各个季节。告诉他们聆听并思考音乐试图表现的季节。此乐曲可在网上找到。

3. 将照片放在桌上，让孩子们选择其中一张。让他们剪出照片，周围留出约1厘米的边缘。准备一张范例来展示。讨论这张照片中他们穿着的衣物类型，天气可能是什么样的。让他们思考植物和动物如何适应各种季节。

4. 让孩子们描绘并为风景画涂色，使其与他们穿着的季节服装相匹配。例如，如果他们穿着厚重的外套，他们或许想要绘制雪景，这也取决于他们生活在哪里。提醒孩子们关于地平线（天空与地面的交汇处）、

前景、中景和背景的内容。待其干燥。

5. 之后，将他们的照片粘在风景画上。用记号笔、蜡笔或粉笔添加细节。待其干燥。

6. 在完成画作后，让孩子们分享他们的作品。请他们阐释如何选出了这一季节，为什么绘制了与季节相关的特定细节，以及他们如何通过颜色的选择来表现它。让孩子们阐释他们选择的地形与其他特征，例如水体和山丘。与孩子们讨论他们画作的前景、中景和背景，以及照片的位置。

7. 根据孩子们的年龄段，他们可以写出或口述一个关于画作和所描绘季节的句子。

8. 随着时间的推移，让孩子们继续描绘和涂色季节画，直到四季（秋、冬、春、夏）都表现而成。他们可以将作品装订成一本关于季节的书。这些书可以放在教室中展示，让同学们阅读。

■ 辅助提示：

◆ 如果您没有孩子们的照片，您可以使用杂志图片，虽然将他们作为画作的关注点效果更好。

◆ 在季节艺术课堂中融入科学，比如包含地球在其倾斜轴上绕太阳一年的公转，以及这如何影响了季节的差异。

■ 探索有趣的事实：用于激励和启发进一步学习。

◆ 季节对我们的生活非常重要，因为它确定着昼夜长度、温度和降水量。这些影响着动物、植物、食物、娱乐方式、衣物、习俗和工作。

◆ 一年中白天最长和最短的日子被称为至日。

◆ 在阿拉斯加的夏至期间，一场棒球比赛可在夜间10:30开始，持续至凌晨2:00，且白天也在进行。

◆ 在美国是冬季时，澳大利亚正值夏季。

表格8.5 孩子们能由走进季节画学习什么

媒体：

1. 以个人或小组形式使用媒体工具。
2. 练习使用手机、平板电脑或数码相机。
3. 共享角色来使用手机、平板电脑或数码相机。
4. 发挥想象力为数字自拍创建前景和背景图像。
5. 使用艺术元素与媒体相结合。

视觉艺术：

1. 使用不同的艺术材料以创建背景场景。
2. 混合和试验颜色以获得不同的视觉效果。
3. 确定如何运用地平线之上和之下的空间来达到不同的效果。
4. 观看附近的风景或图片，以获取有关颜色、形状、大小和比例选择的想法。

音乐：

1. 匹配不同类型的音乐影响季节性情绪和记忆的方式。
2. 想象维瓦尔第的《四季》小提琴协奏曲所展现的场景和感受如何用其他艺术形式来表现。

科学：

1. 确定地球上季节变化的唯一原因。
2. 解释季节中各种变化发生的原因。
3. 比较和对比南北半球的各个季节。
4. 通过将地球戏剧化来展示季节如何变化，其地轴的倾斜，绕着太阳公转。
5. 解释为什么赤道周围的地区没有季节变化。

语言：

1. 使用科学词汇，如半球、中轴、赤道、南极、北极，讨论季节变化的原因。
2. 写下或口头描述音乐中生动呈现的季节性事件记忆。
3. 阅读关于季节变化的原因，并写一段描述、画图或写一个剧本来戏剧化描绘地球绕太阳公转与自转。

基于美国幼儿教育协会、美国共同核心州立标准、新一代科学教育标准、美国核心艺术标准

安迪·沃霍尔与我的自拍画像

■ **技术、艺术**：孩子们学习拍摄数字自画像，并在探索颜色的运用与自我表达的过程中，将它转化为独一无二的艺术品。他们可以自由地发挥创造

力与想象力，在自画像中尝试色彩搭配，并制作新事物。

■ **材料**：带相机的数字设备、电脑、纸张、彩色记号笔，以及/或者蜡笔和粉笔

■ **安全**：监督孩子们使用数字设备的情况。

■ **准备**：

1. 选择将在活动中强调的词汇、字母和口语语音。
2. 与孩子们分享邦尼·克莉史汀森（Bonnie Christensen）的《美极了：安迪·沃霍尔的画像》（*Fabulous: A Portrait of Andy Warhol*），讨论波普艺术家对色彩的运用。指向封面上玛丽莲·梦露的图像。

■ **步骤**：根据孩子的需求进行指导和帮助。

1. 让每名孩子拍一张数字自拍照（脸部特写照片），然后将带相机的数字设备传给下一名孩子。演示如何完成，通过启动相机图标，点击反向拍摄选项，让自己位于画面中央，然后按下红色键。老师将进行帮助，或为太年幼还无法自己完成的孩子拍摄一张照片。孩子们可以与一名同学组成搭档，互相拍摄对方的照片。
2. 将自拍照传送至电脑上，打印出来。老师可以完成这一步。
3. 在打印自拍照时，展示由安迪·沃霍尔绘制的肖像画例子。谈谈他对色彩的使用、重复性以及他的现代画像。请确保展示他描绘伊丽莎白·泰勒（Elizabeth Taylor）的作品《红色的丽兹》（*Red Liz*）和描绘玛丽莲·梦露（Marilyn Monroe）的《玛丽莲双联画》（*Marilyn Diptych*），以表现它们的艺术风格。
4. 谈谈颜色的简洁性，以及不使用太多颜色进行设计呈现的画面效果。
5. 让孩子们根据自己的选择，使用记号笔或蜡笔以安迪·沃霍尔的风格为自拍照添加色彩。年龄较大的孩子们可以在一张纸上完成4张自拍

照，给每张以不同的方式涂色。向他们展示《枪击玛丽莲》(*Shot Mar-
ilyns*)作为灵感来源。

6. 完成后，展示这些自拍画像，做成画廊般的展示。让一半的孩子们站
在艺术品旁边，做好准备谈论他们对色彩的使用、他们的作品与安
迪·沃霍尔的作品有什么相似之处，以及他们是怎样使用相机自拍
的，这时其他的孩子们则是观众。之后，互相交换，让另一半的孩子
们站在作品旁。

■ **辅助提示：**

◆ 艺术品可以装裱到一张尺寸更大的对比色纸张上，仿制为画框。

◆ 可以使用蜡笔。只需提醒孩子们使用时不要过度用力按压。

◆ 您可以将此项目扩展至使用家庭中其他成员的照片。

◆ 在孩子们谈论自画像时协助他们，让他们口述或写下几行想说的话。

图片 8.6
罗斯喜欢将他的自拍用
在安迪·沃霍尔风格的
作品中

■ **探索有趣的事实**：用于激励和启发进一步学习。

◆ 沃霍尔的著名波普艺术《金宝汤罐头》（*Campbell's Soup Cans*）由32张帆布组成，每一张对应罐头汤系列产品中的一款。汤罐头图画的灵感来自他的妈妈，她在沃霍尔生病卧床时每天给他端上金宝汤作为午餐。

◆ 同时期的艺术家们不喜欢安迪·沃霍尔的作品。然而，当今，他是先驱也是最著名的波普艺术家之一。他的其中一幅画作以1.05亿美元的价格售出。

表格8.6 孩子们能由自拍画像学习什么

媒体/技术： 1. 运用指导或独立探索适合年龄的媒体工具和方法。 2. 展示使用艺术媒体工具的能力。 3. 运用想象力勾画和构建传媒艺术形式。 4. 分享角色进行媒体使用。 5. 分享对传媒艺术的反馈。 6. 评价图像视觉效果的重要性。 7. 为传媒艺术品开发更多创意。
视觉艺术： 1. 探索颜色的深浅和不同的肤色。 2. 使用适龄的材料，如蜡笔和颜料来试验不同肤色。 3. 通过色彩的运用培养艺术表现力。 4. 组合各种线条形状来制造人形。 5. 更改描绘对象的比例以创建有趣的效果。 6. 在活动时使用形容词，如平滑、凹凸不平、条纹、点，以及相关艺术词汇，如纹理、画布、图案、重复、图像、颜色、强烈和对比。
数学： 1. 获得比例和对称的认知。 2. 根据成对和单一的特点对面部特征进行分类。
语言： 1. 学习并巩固与脸部部位相关的词汇（前额、太阳穴、眼睛、虹膜、瞳孔、眼睑、眉毛、睫毛、脸颊、下巴、喉咙、鼻子、嘴唇、下巴和脖子）。 2. 通过演讲、图像、口述和写作来分享想法。 3. 学习颜色名称，以及创作和描述新颜色的方法。

基于美国幼儿教育协会、美国共同核心州立标准、新一代科学教育标准、美国核心艺术标准